Comprendre votre enfant à l'adolescence

Première édition : Rosendale Press Ltd, Londres

Understanding Your 12-14 Year Olds, Margot Waddell
Understanding your 15-17 Year Olds,
Hélène Dubinsky et Jonathan Bradley
Understanding your 18-20 Year Olds,
Gianna Williams et Beta Copley

Traduction française :

22, rue Huyghens, 75014 Paris

www.albin-michel.fr

ISBN : 2-226-12769-0

LES GUIDES DU CENTRE TAVISTOCK

Comprendre votre enfant à l'adolescence

Margot Waddell
Hélène Dubinsky
Jonathan Bradley
Beta Copley
Gianna Williams

Traduit de l'anglais par
Florence Winter-Lhermitte et Marie-Sylvie Rivière

Préface de Catherine Mathelin

ALBIN MICHEL

Fondé en 1920, le centre Tavistock de Londres a eu pour but initial de venir en aide aux personnes souffrant des conséquences de la Première Guerre mondiale. Aujourd'hui, dans un contexte qui s'est bien sûr considérablement modifié, il poursuit l'œuvre entreprise. Aux secteurs destinés aux adultes et aux adolescents est venu s'ajouter un vaste service consacré à l'enfance et à la famille. Il propose une assistance professionnelle et une grande expérience des enfants de tout âge aux parents en difficulté face à la tâche ardue que représente l'éducation de leurs enfants. Son principe est d'intervenir précocement sur les problèmes qui se posent immanquablement lorsque les enfants grandissent, considérant que, si on prend ces problèmes à temps, les parents restent les mieux placés pour aider à les résoudre. En participant aux ouvrages de cette collection, l'équipe de professionnels du centre Tavistock est heureuse de pouvoir offrir aux parents des angles de réflexion sur la croissance de l'enfant, en montrant comment il se développe dans des conditions normales et en attirant l'attention sur certains points difficiles.

Sommaire

Préface

Hélène Dubinsky, Jonathan Bradley, Beta Copley et Giana Williams sont psychothérapeutes. Ils travaillent à la « Tavistock Clinic » de Londres. Lieu de consultation pour les familles et de formation pour les psychanalystes, « la Tavistock » est aussi un centre de recherches dont la tradition a toujours été de s'adresser aux professionnels de l'enfance et aux parents. Le souci de témoigner de leur expérience depuis 1920, date de leur création, a beaucoup contribué à leur originalité. Aucune autre consultation ne s'est autant ouverte au grand public, aucun centre de recherches ne s'est autant intéressé à la « normalité ».

Il ne s'agit pas en effet d'un livre de psychopathologie de l'adolescence, mais plutôt d'un guide pour permettre aux parents d'essayer de comprendre les soucis de leurs enfants lorsqu'ils grandissent tout à fait « normalement ». Vous trouverez tout au long de ce livre des exemples, des récits d'histoires qui vous rappelleront certainement les aventures que vos petits devenus grands traversent en ce moment.

Au cours de cette traversée qui ressemble à un voyage initiatique, ils rencontreront des tempêtes. Quitter les rivages connus de l'enfance pour partir à la découverte d'un nouveau monde n'est pas chose facile. Le voyage, plus ou moins long selon les cas, sera plein de péripéties et d'aventures. Il y aura des moments merveilleux et des épreuves terribles. La météo sera changeante, avant qu'ils puissent atteindre enfin le port de l'âge adulte.

Ce voyage n'est pas sans bouleverser aussi les parents. Et pourtant, cet enfant d'aujourd'hui est bien celui que vous avez découvert à la maternité, cet adorable bébé qui vous rendait si fier et qui vous faisait fondre de tendresse. Comment se peut-il que quelques années plus tard, il vous trouve nul et démodé ? Qu'il se révolte, qu'à certains moments il vous demande un amour absolu et un soutien sans faille, et qu'à d'autres il vous repousse ? Il a changé, c'est certain, mais vous, avez-vous changé ? Avez-vous suivi le mouvement ? D.W. Winnicott, un célèbre psychanalyste anglais dont le nom est attaché à l'histoire de la Tavistock, disait aux parents : « Vous avez semé un bébé, et aujourd'hui vous récoltez une bombe, rien d'étonnant à ce que vous soyez déconcertés ! »

Le livre s'ouvre sur les questions que vous posent les enfants entre 12 et 14 ans. L'adolescence (c'est une des conséquences de l'éducation actuelle, un fait de société) commence de plus en plus tôt de nos jours. Comment essayer d'imaginer ce que les grands enfants ressentent à cet âge ? Comment leur apporter la compréhension nécessaire et maintenir ouvert le dialogue dont ils ont toujours besoin ? Ce qui complique le problème, c'est qu'ils demandent à être compris, en même temps qu'ils refusent notre compréhension. Il est important de souligner qu'il s'agit du moment de la vie où la croissance est la plus rapide. Le moment où le corps change le plus. Ils en sont considérablement troublés. Les nouveaux émois de leur sexualité naissante les angoissent, et les sentiments envers les parents à la maturité du corps deviennent dangereux. « C'est l'âge, disait Françoise Dolto, où la sexualité fait chapeau claque. » Mais, prudence, la sexualité est un sujet de conversation peu propice au partage avec les parents, qui se devront d'être présents sans être inquisiteurs, disponibles sans être des juges. La distance qui s'impose n'est pas toujours facile à trouver et à accepter pour les parents, qui devront respecter un subtil équilibre entre liberté et protection. Là encore, tout dépendra de ce qu'ils auront vécu eux-mêmes lorsqu'ils étaient enfants.

Marie, 14 ans, racontait : « Ma mère me dit de sortir avec beaucoup de garçons. À mon âge, il paraît qu'elle était enfermée chez elle par ses parents, mais moi ça ne me dit rien, je n'ai pas envie de sortir, alors elle a peur que je gâche ma jeunesse. » Comment résister au plaisir de les voir réussir ce que les parents pensent avoir raté ? À ce moment-là de leur vie, les enfants sont tout entier occupés à se délivrer de l'enfance, la tâche se complique encore s'ils doivent se délivrer aussi de l'enfance de leurs parents. Ils cherchent à trouver leur place dans le monde, et ce combat se fait souvent sans les parents. La frontière est délicate à trouver entre interventionnisme et démission.

« Il est en effet très difficile pour les parents, disent les auteurs, de ne pas gêner leurs enfants en les surprotégeant, ou à l'inverse en les lâchant trop tôt, ce qui peut les pousser à se renfermer au risque de porter préjudice à leur personnalité. »

Le plus éprouvant pour les parents, c'est certainement de constater la souffrance de l'enfant qui se cherche, sa fragilité et quelquefois sa solitude. Les petits qui grandissent sont malheureux de perdre la sécurité de leur enfance, et la tentation est grande de la leur redonner, en les étouffant. Il n'est pas facile de laisser les enfants se confronter à cette étape de leur vie. Il s'agira de les soutenir et de les comprendre sans leur éviter la confrontation avec le fait qu'ils grandissent, il est essentiel de les laisser se risquer à la rencontre avec les autres et avec eux-mêmes. Vouloir les protéger les empêcherait d'avancer.

Comme le répètent à plusieurs reprises les auteurs de cet ouvrage : si la souffrance de l'enfant est trop grande, on peut lui proposer de consulter. De même, si les parents sont trop éprouvés par l'impuissance dans laquelle ils se trouvent, s'ils brûlent d'envie de surprotéger leur enfant, ils peuvent aussi pour eux-mêmes rencontrer un psychanalyste.

La crise d'adolescence dont on parle beaucoup aujourd'hui sera en lien direct avec l'enfance de l'adolescent. Un enfant trop proche de ses parents aura à se révolter plus violemment qu'un autre. Ne dit-on pas qu'il faut brûler ce qu'on a adoré ?

Se sentant piégé par l'amour qu'il porte à ses parents, il devra, pour s'en dégager, se débattre plus énergiquement qu'un autre. Mais les parents de leur côté sont-ils prêts à perdre cette relation, qui fut si satisfaisante, avec sérénité ? Il n'est pas facile de se sentir désinvesti. Françoise Dolto disait : « De bons parents sont ceux qui continuent à aimer leurs enfants les dé-aimant. »

Si la révolte des enfants est un problème, n'oubliez pas que l'extrême docilité en est un aussi, moins dérangeant pour les parents qui n'en souffrent pas, mais tout aussi inquiétant pour la suite de l'évolution de l'enfant. C'est justement lorsque tout va bien qu'entre 15 et 17 ans les jeunes lancent un véritable défi à la vie de famille. Défi que les parents devront être à même de relever et de supporter. Papa et maman ne sont plus le centre de leur vie. Ils ont besoin d'aller voir plus loin, d'acquérir une nouvelle liberté. Il n'est pas rare que l'ami intime remplace le parent, le groupe pour sa part donne un sentiment d'identité différent de la famille. Ils veulent savoir qui ils sont « vraiment », et s'ils peuvent être reconnus par les autres.

Pierre, 16 ans, me disait : « Maman, elle pense toujours que je suis le plus beau, le plus intelligent, mais avec les filles ça ne marche pas si facilement. Celles qui me plaisent ne veulent pas de moi. Est-ce que maman m'a menti ? Ou est-ce qu'elle ne me voit pas vraiment comme je suis parce qu'elle est ma mère ? » Les enfants qui grandissent ont besoin de se voir dans d'autres yeux que dans ceux de leurs parents. Ils découvrent qu'ils ne sont pas ce qu'ils voudraient être, ou plutôt qu'ils ne sont pas ce que leurs parents voudraient qu'ils soient. Se posent alors les problèmes d'identité et de désir : Qui sont-ils ? Que veulent-ils ?

Il faut du temps pour que l'enfant se « décolle » de sa famille, pour qu'il découvre des sentiments et des valeurs qui lui sont propres. C'est l'âge où il a le plus grand mal à dire : « Je suis moi-même », sans dire : « Je ne suis pas vous. » Alors il se jette à corps perdu dans les grandes causes, les plus éloignées possible de celles qui plaisent à ses parents. Il devient militant et idéaliste, prêt à tout pour défendre des thèses qui lui paraissent justes et qui lui donnent le sentiment de savoir qui il est et ce qu'il veut. Vous comprendrez en lisant les histoires relatées dans ce livre qu'il ne sert à rien de se fâcher, mais que l'évitement du conflit sur le mode indifférence politiquement correcte peut être tout aussi destructeur. Là encore il vous faudra trouver un juste milieu entre autorité et laxisme.

Les adolescents ont besoin de se sentir « contenus » par les adultes, et contenir leurs pulsions, c'est aussi maintenir un point de vue qui semble juste, sans avoir peur de déclencher un affrontement. Le moment de l'adolescence est sans doute la période qui questionne le plus les parents. Faut-il faire la morale ? Faut-il devenir copains ? De quoi les parents ont-ils peur ? De perdre sans doute, de vieillir sûrement.

Lorsque les enfants s'affolent, c'est souvent parce que les parents n'ont plus leurs repères et qu'ils n'arrivent pas à tenir leur place d'adulte. Si les parents répondent de façon trop rigide, ou s'ils ne répondent pas, s'ils projettent sur l'enfant le souvenir de leur propre adolescence, s'ils le jalousent ou au contraire s'ils veulent le voir réussir là où ils ont échoué, les conflits éclatent.

Les auteurs, qui sont aussi des psychanalystes, savent bien que la famille est la scène privilégiée des affects et donc des conflits. Ils savent que ce qui se trame entre les différents protagonistes de l'histoire relève de processus inconscients, bien plus que de l'application ou non de bonnes méthodes éducatives, c'est pour cela qu'ils ne proposent pas de recettes, mais vous invitent plutôt à vous interroger sur la façon dont vous êtes amené à vivre l'adolescence de vos enfants.

Il est normal de se sentir désarmé et en échec face à un enfant agressif et révolté certains jours, rêveur et déprimé le lendemain. Agressivité et tristesse vont ensemble, puisque ce dont il est toujours inconsciemment question à l'adolescence, c'est de la mort. Ils ont à tuer l'enfant qu'ils ont été, et aussi une certaine image des parents qu'ils voyaient comme des idoles, et qui ne sont plus aujourd'hui les seuls représentants du savoir et du pouvoir. « L'enfant ne pourra grandir, disait D.W. Winnicott, qu'en passant sur le cadavre de l'adulte. » Les parents auront alors pour tâche de survivre tant bien que mal, de ne pas se laisser tuer, de continuer à dire ce qu'ils pensent. Ils devront aussi essayer de ne pas se montrer trop faibles, trop fragiles, sinon la culpabilité de l'adolescent prendra le dessus et il retournera sa violence contre lui-même.

« Tu quitteras ton père et ta mère », dit la Bible, mais cette injonction ne se réalisera que si les parents eux-mêmes tiennent le coup et réussissent à supporter d'être abandonnés sans en mourir, sans être trop malheureux. Vous entendrez, en lisant ces témoignages, que l'adolescence, si elle est difficile à vivre pour l'enfant, est une véritable épreuve pour les parents.

Peut-être serez-vous surpris de trouver dans ce livre sur l'adolescence une longue partie consacrée aux jeunes adultes entre 18 et 20 ans. C'est l'expérience de ces psychanalystes qui les amène bien évidemment à penser que la sortie de l'adolescence ne correspond pas à la majorité légale et que bien des problèmes continuent à se poser entre ces jeunes et leurs parents. Ne connaissons-nous pas en effet d'éternels adolescents ?

Les auteurs veulent nous faire réfléchir sur les difficultés que rencontrent parents et enfants au moment de quitter le domicile familial et d'assumer une véritable autonomie. Le mode de vie actuel contribue à compliquer le départ. Les études qui s'éternisent, les problèmes de chômage, les histoires d'amour rendues incertaines du fait d'une plus grande liberté sexuelle amènent quelquefois à partir, mais aussi à revenir à la « maison mère » pour y demander encore et toujours réconfort et soutien tout autant matériel que psychologique. Pour ces jeunes gens, le tumulte et l'angoisse recommencent chaque fois qu'il faut prendre une décision importante et chaque fois la réaction des parents est déterminante pour eux. La séparation reste souvent difficile, l'autonomie hésitante, comment les aider à quitter le nid ?

Du côté des parents, les auteurs parlent du « syndrome du nid vide » au départ des petits. Beaucoup de couples se retrouvant seuls traversent en effet des crises. Les enfant élevés, c'est comme s'ils n'avaient plus rien à faire ensemble. Ceux qui assumaient leurs enfants sans compagnon se retrouvent véritablement confrontés à la solitude lorsque les enfants partent. Il faudra opérer de véritables réaménagements. Plus de but dans la vie, plus de motivations, la dépression guette. Et pourtant, les enfants, même au loin, réclament l'attention des parents et continuent à les mettre à l'épreuve. Il faudra être disponible, accepter le gendre ou la belle-fille, supporter les chagrins d'amour, être toujours prêt à écouter, sans juger, sans faire porter aux enfants des valises qui ne seraient pas les leurs. Et puis un jour, accepter de changer de génération en devenant des grands-parents, sans kidnapper le bébé, sans refuser non plus de s'en occuper parce qu'il y a des problèmes avec les beaux-enfants. Souvenez-vous de ce que disait Freud : « La plus grande preuve d'amour que les enfants puissent donner à leurs parents, c'est de leur confier les petits-enfants. »

CATHERINE MATHELIN

VOTRE ENFANT
de 12 à 14 ans

À la sortie de l'enfance et sur le chemin de l'âge adulte, les années de 12 à 14 ans sont les plus conflictuelles, les plus déconcertantes, mais aussi les plus stimulantes que traversent les adolescents. Elles le sont aussi pour leurs parents dès lors qu'ils essayent de les comprendre. Les jeunes adolescents, en effet, sont partagés entre le désir et le refus d'être compris.

À cet âge, de nouvelles amitiés naissent, la sexualité s'éveille, la conscience s'aiguise et les centres d'intérêt varient. C'est une période de transition où trouver sa place dans le monde est plus important que d'exister au sein de la famille, une période génératrice d'anxiété, d'appréhension, d'attentes, mais aussi de peur et de sensations fortes face à l'inconnu. C'est le moment de la vie où la croissance est la plus rapide (hormis durant la gestation) et durant lequel la maturation psychique et affective implique des changements.

L'enfant de 12-14 ans teste les limites, questionne les principes. Il fait l'expérience de la perte. S'évertuant à relier son ancien monde, celui du primaire et encore un peu de la sixième, et son nouveau monde, l'enfant de 12 ans traverse un rite initiatique à la fois intimidant et enivrant, s'accroche à ses repères familiers tout en étant fasciné par les expériences inédites. Vers l'âge de 14 ans, il peut donner l'impression qu'il en a terminé avec l'enfance et paraître embarqué dans un monde complexe tant sur le plan personnel que social, sans pour autant que se dessinent une direction ou des objectifs clairs. Sa préoccupation essentielle concerne son identité : « Qui suis-je ? »

Voici un dialogue entre deux mères d'adolescents de cet âge – un garçon de 12 ans et une fille de 14 ans :

– Je dois rentrer pour les enfants. On dirait qu'ils ont besoin que je sois là encore plus aujourd'hui que lorsqu'ils étaient petits. Ils ont tant de choses à raconter.

– Quoi ! Ne me dis pas que tes enfants te racontent encore des choses. Je n'ai pas la moindre idée de ce que Louise et Guillaume font ou pensent. Je croise les doigts pour que tout se passe bien.

La plupart des parents admettent que les jeunes de 12 à 14 ans changent de façon spectaculaire, chacun à sa manière, et que ces changements nécessitent un dur travail d'adaptation pour leurs enfants comme pour eux. Le plus difficile pour les parents est sans doute de reconnaître que l'évolution de leur enfant les amène eux aussi à changer. Combien de parents évoluent à mesure que leurs enfants grandissent ? Pourtant, il saute aux yeux qu'à cet âge la compréhension (si essentielle au sentiment de sécurité et à l'estime de soi de l'enfant) s'ancre plus solidement que jamais dans la capacité des parents à constamment remettre en question ce qu'ils croient savoir, à supporter de ne pas savoir, à être capable d'autocritique et à oser prendre le risque de changer aussi. La relation est différente selon que l'enfant a 12 ans ou 14 ans et les parents peuvent parfois se sentir très seuls ou, au contraire, la trouver plus riche. Tantôt la relation se fait plus amicale, tantôt les parents ont le sentiment d'être poussés à bout. « Je t'aime, mais je ne t'apprécie pas toujours » est un cri du cœur fréquent.

Comment tout ceci peut-il être pensé et compris ? Plus que jamais, ce travail de réflexion et de compréhension risque d'être difficile et douloureux. Dans la première partie de ce livre, nous allons explorer les épreuves sociales et affectives que les 12-14 ans ont à affronter. Étudier les réactions aux transformations physiques de la puberté, les angoisses liées à la sexualité, les problèmes d'identité. Aborder les différents types d'amitié et la manière dont ces jeunes adolescents négocient avec ce que l'on attend d'eux au collège et à la maison. Nous verrons les manifestations simples du désir, des doutes et de l'enthousiasme caractéristiques de cet âge. Nous évoquerons également les dérapages possibles, les pièges, les soucis que rencontrent les enfants et les parents comme les problèmes de drogue, les comportements difficiles et les troubles du comportement alimentaire. Nous voudrions permettre au lecteur de réfléchir à la manière de maintenir un équilibre entre le fait de reconnaître au jeune la liberté dont il a besoin et celui de l'encourager à en profiter, de lui donner la protection dont il a également besoin pour affronter tout ce qui s'ouvre soudain à lui de manière parfois effrayante. Comprendre ce que les jeunes sont susceptibles de vivre à cet âge peut ouvrir aux parents de nouvelles perspectives afin de mieux les aider, les soutenir et les apprécier pleinement.

1
UN NOUVEAU CORPS, UNE NOUVELLE PERSONNE

Les jeunes de 14 ans ont tendance à considérer que leurs 12 ans datent d'un lointain passé, quasiment comme s'il s'agissait d'une autre personne. Voici quelques réflexions typiques : « À 12 ans, j'aimais qu'on s'occupe de moi vingt-quatre heures sur vingt-quatre », « Je faisais tout ce que je voulais », « On me traitait comme un enfant, maintenant on me traite comme un adulte », « Je m'intéresse aux garçons », « J'aimais être à la maison à faire des trucs de petit, maintenant, ce qui m'intéresse, ce sont les sports de compétition ou sortir avec mes copains peu importe où », « Avant j'étais gentil, maintenant, j'aime faire des choses qui dérangent : faire la tête, ne pas être raisonnable, être égoïste, agacer, dire des grossièretés à certaines personnes », « Maintenant mes amis m'intéressent plus que ma famille. Je suis plus indépendant et plus cool », « Je ne me posais pas de questions au sujet des garçons, aujourd'hui, c'est devenu plus important que mon travail », « On s'occupait de moi, maintenant je me sens responsable », « À 12 ans, pour attirer l'attention d'une fille, j'aurais peut-être été très physique, très dur. Maintenant, je leur parle et je les écoute. Je ne suis plus accroché à ma mère. »

Que s'est-il passé pour que l'enfant dépendant dont les besoins affectifs et matériels étaient pris en compte vingt-quatre heures sur vingt-quatre devienne cet adolescent occupé à se dégager de l'enfance et qui ne se languit plus des absences de sa maman ?

Même si la plupart des parents de préadolescents n'ont aucune difficulté à reconnaître – souvent avec une pointe de nostalgie – que leur enfant semble avoir changé en quelques mois, il leur est beaucoup plus facile de décrire les faits que d'en comprendre le sens. « C'est venu tout d'un coup, elle s'est mise à porter des sweats immenses, des bodies, elle voulait se teindre les cheveux et se faire percer le nez », « Il passe tout son temps dans sa chambre, à se regarder dans la glace, à téléphoner ou à feuilleter des magazines », « Elle fait des histoires pour un rien », « Il ne veut plus porter la veste hors de prix que je lui ai achetée dernièrement ».

Les « enfants » ont probablement une idée aussi vague que vous de ce qui se passe en eux. Ils se rendent compte qu'ils sont plus coléreux, que leur humeur est plus variable, qu'ils sont plus anxieux, plus solitaires et pas toujours « eux-mêmes ».

Nous verrons dans les prochains chapitres les réactions à cet étrange état de fait et ses conséquences au sein de la famille, à l'école et dans le monde extérieur en général. Mais, d'abord, il est important de mesurer ce qui se passe au niveau corporel avant d'examiner les différents moyens mis en œuvre afin de s'adapter à cette métamorphose.

La puberté, les transformations corporelles

Il arrive que l'enfant se demande ce qui lui arrive au cours de ces années où des transformations biologiques apparaissent à son insu, des évolutions physiologiques, anatomiques, hormonales, dont l'ensemble est appelé « puberté ».

La puberté est un phénomène qui intervient différemment pour chaque individu et à des âges variables. Les filles sont dans l'ensemble pubères plus tôt que les garçons. Certaines filles sont réglées à 9 ans tandis que d'autres ne le sont que vers 15 ou 16 ans. Mais, pour les deux sexes, l'âge moyen de la puberté se situe entre 12 et 14 ans. Ils deviennent des adultes sur le plan sexuel, mais pas sur le plan affectif. Les filles ont alors leurs règles, les seins et les poils pubiens se développent. La silhouette change rapidement, le corps prend des formes et cela s'accompagne souvent d'une soudaine prise de poids. L'odeur et la transpiration s'exacerbent. Les filles peuvent être surprises par des sensations douloureuses comme des crampes. Les garçons font l'expérience de leurs premières éjaculations (la plupart du temps au cours de rêves). Ils ont souvent une poussée de croissance, ils prennent du poids, leurs poils poussent, des boutons apparaissent et leur voix mue. Eux aussi transpirent, leur odeur est plus forte. Ils deviennent gauches et maladroits dans ce nouveau corps. Ce sont des manifestations caractéristiques de cet âge.

Le processus d'adaptation à ces manifestations, tant sur le plan émotionnel que comportemental, constitue ce que nous appelons « l'adolescence ». Les réactions multiples et variées à ces changements s'accompagnent souvent d'une grande diversité de sentiments qui vont de la dénégation à la peur, à l'appréhension, au soulagement et au plaisir. La plupart du temps, des sentiments totalement opposés vont de pair : fierté et dégoût, excitation et inquiétude. Dans tous les cas, les adolescents ont une conscience aiguë d'eux-mêmes.

Les angoisses les plus fréquentes

Les pères sont souvent relativement peu au courant de ces réactions. Les mères peuvent en savoir plus sur leurs filles que sur leurs fils. Les questions qui viennent à l'heure du coucher comme : « Pourquoi ai-je un sein plus gros que l'autre ? » ou « J'ai une boule d'un côté et pas de l'autre, est-ce le cancer ? » représentent en quelque sorte la partie visible d'un iceberg fait de comparaisons, de troubles, de confusions, d'angoisses et de mystères. Ce n'est pas parce que les jeunes savent des choses sur la vie qu'ils comprennent ce qui se passe vraiment pour eux. On peut avoir l'impression que les professeurs ou, mieux, les parents, leur ont donné toutes les explications nécessaires à la compréhension de la maturation sexuelle, de la relation sexuelle, de la procréation. Mais les explications, les informations ont tendance à être très différentes de l'expérience réelle de la transformation du corps et de la perception de sa propre sexualité. Ces explications sont également éloignées de toutes les questions qui surgissent chez l'adolescent à propos de la personne la plus importante et la plus intéressante au monde à ce moment-là : lui-même.

« Émilie dit qu'on ne peut pas se baigner quand on ses règles », « Est-ce vrai que la masturbation empêche d'avoir des bébés plus tard ? », « Anna dit que, si le sang est marron, cela veut dire qu'on est stérile »... De nombreuses mères vont avoir à répondre régulièrement à ce genre de questions. Mais les garçons font moins facilement part de leurs interrogations à leur père ou à leur mère. Du jour au lendemain, ils interdisent l'accès à la salle de bains à leurs frères et sœurs et verrouillent la porte. Ils réclament une alimentation plus saine. On peut être surpris par des questions inattendues : « Est-ce que les céréales sont bonnes pour la santé ? », « Est-ce que les chips donnent des boutons ? » Ce n'est plus le chlore mais l'acné dans le dos qui est invoqué pour éviter d'aller à la piscine. « Maman, je suis le seul à être circoncis » ou « Ils ont tous déjà des poils sauf moi » indiquent la réticence à se doucher en public et à partir en colonie de vacances. « Je suis plus petit que les autres » émerge péniblement au milieu d'une conversation qui semblait tourner autour d'un problème de mathématiques. Certains garçons aborderont facilement avec leurs parents la raison pour laquelle le pénis est plus petit quand il n'est pas en érection. Mais la plupart d'entre eux essaient de glaner ailleurs ces informations fondamentales, dans des films, des livres, des conversations entre jeunes ou avec des garçons plus âgés, et les récoltent de manière approximative.

Les réactions des parents

Ce type de réflexions illustre une grande part des inquiétudes conscientes que les parents peuvent percevoir, auxquelles ils doivent être prêts à faire face et qu'ils doivent écouter à mesure qu'elles se posent. Pourtant, il est très important de n'être ni trop inquisiteur ni trop curieux si de tels sujets d'inquiétude ne sont pas livrés spontanément. Une certaine distance est nécessaire, plutôt qu'une attitude de désintérêt, particulièrement avec le garçon – distance qui laisse néanmoins entendre qu'à l'occasion il trouvera une oreille attentive et la possibilité de parler.

Les enfants ont parfois le sentiment que leurs parents ne sont plus les personnes les plus indiquées à qui s'adresser pour obtenir des réponses à ces nouvelles questions soulevées par la puberté. Ils avancent souvent des motifs un peu méprisants : « Ils seraient gênés », « De toute façon, ils ne sauraient pas ». Ils laissent percevoir également leur vulnérabilité : « Ils se moqueraient de moi. » Mais cette distance que les parents instaurent par rapport à l'intimité du jeune a des sources complexes dans un registre de sentiments plus profonds que ceux que nous évoquions précédemment. Les bouleversements hormonaux et biochimiques qui conditionnent le développement et la croissance réactivent également des sentiments passionnés et des pulsions, essentiellement d'amour et de haine, très présentes dans la relation qu'avait le bébé, puis le jeune enfant, avec ses parents. Le reproche plein de lassitude qu'adressent souvent les parents à leur adolescent de 13 ans : « Arrête de te conduire de façon aussi infantile » est sûrement plus juste qu'ils ne le croient.

Les changements que vit l'adolescent ravivent pour lui la confusion suscitée par le mélange de désir et de rejet qu'il éprouve à l'égard de ses parents. Une confusion d'une intensité qui le perturbe autant qu'elle vous désoriente. Cette intensité tient également au fait que les sentiments passionnels qui resurgissent à ce moment-là, parce qu'ils sont difficiles à gérer, peuvent représenter un danger particulier. Son corps ayant atteint sa maturité sexuelle, le jeune adolescent est maintenant capable de réaliser ses désirs et d'exprimer ses aversions. Il est indispensable qu'il se sépare de ses parents et de sa famille, et nécessaire qu'il trouve sa place dans la société. Mais ces besoins sont alimentés par un autre besoin encore plus primitif et inconscient : celui de se séparer de ceux qui ont supporté les premiers sentiments d'amour et de haine, quitte à trouver des parents de substitution.

2 LA SEXUALITÉ

Les transformations corporelles de la puberté mettent la question de la vie sexuelle sur le devant de la scène. Certes, nous sommes des êtres sexués dès notre naissance, mais, entre 12 et 14 ans, la sexualité est ressentie comme un phénomène nouveau, excitant, souvent effrayant. Pulsions, angoisses et curiosité d'ordre sexuel affectent et alimentent les jeunes adolescents eux-mêmes, mais aussi leurs relations, qu'il s'agisse des parents, des amis, du groupe de copains. Et, souvent, la complexité de la relation qu'a le parent avec sa propre sexualité présente ou passée complique la possibilité de les aider.

À ce stade, filles et garçons vivent sur ce plan des expériences similaires, avec néanmoins des différences significatives. Garçons et filles luttent autant les uns que les autres pour discerner en eux ce qui est féminin de ce qui est masculin. Cette lutte existait certainement déjà dans l'enfance, mais, avec la puberté, il devient plus impérieux de résoudre la question, car envisager un partenaire exige d'avoir une identité sexuelle.

Engagés dans un processus de renoncement à la relation privilégiée avec les parents, à un niveau plus profond, ils doivent aussi affronter à nouveau la plus ancienne relation : la relation à leur mère. Des sentiments d'unité merveilleuse et de rivalité féroce à la fois se réveillent et s'expriment envers la mère et la relation qu'elle a avec son mari ou son compagnon. Parfois, cette « ambivalence », c'est-à-dire ce mélange de sentiments, s'adresse à d'autres personnes qui, d'une certaine manière, occupent la place du couple parental dans les fantasmes du jeune adolescent.

Des peurs et des fantasmes très anciens et souvent en grande partie inconscients sont réactivés à cette période de la vie. Ils ont tendance à s'exprimer dans le rêve plutôt que dans des pensées conscientes. On les retrouve transposés dans des films tels que *Les Dents de la mer* ou *Jurassic Parc* qui, jouant explicitement sur ce thème, fascinent particulièrement les enfants de cet âge.

L'angoisse des garçons a souvent pour thème central celle d'être enfermé, prisonnier, traqué, sur le point de perdre son pénis ou son esprit. Les filles ont plus tendance à craindre d'être envahies par quelque chose de terrifiant qui les pénétrerait et ferait des ravages, qui détruirait en elles la possibilité d'avoir des enfants. Dans une certaine mesure, garçons et filles s'identifient aussi à l'autre sexe et en partagent en quelque sorte les fantasmes. De telles représentations ou pensées, de tels fantasmes sont à des lieues de ce qui est en jeu dans les relations de tendresse, d'amour et d'attention. Aussi le conflit central, à cet âge, consiste-t-il à tenter de réconcilier des pulsions et des sentiments.

La masturbation

Une manière de soulager des tensions accumulées est d'explorer son corps, de trouver du plaisir sexuel avec tout son corps, et particulièrement dans la région génitale par la masturbation. Si un sentiment de culpabilité se réveille fréquemment, il ne tient pas tant à la masturbation elle-même qu'aux fantasmes et aux rêveries diurnes qui l'accompagnent. À cet âge, les pensées liées à la sexualité comportent souvent une dimension agressive, horrible ou perverse aux yeux de l'adolescent, et cet aspect peut le surprendre et le troubler. Sous l'effet des transformations hormonales récentes, il commence une sorte d'expérimentation mentale qui peut devenir une source de conflits silencieux. D'où le caractère à la fois inquiétant et gratifiant de ces découvertes.

Les parents ayant parfois oublié ou ne souhaitant pas se souvenir de leur adolescence sont généralement gênés par la masturbation. Mais l'époque où on l'interdisait, sans raison valable, est dans l'ensemble révolue. Il est généralement admis aujourd'hui que c'est un phénomène bien normal de l'adolescence. Là où les parents peuvent commencer à se sentir inquiets, c'est lorsqu'ils perçoivent que la masturbation et les fantasmes qui l'accompagnent servent de substitut à leur enfant pour lui éviter de rencontrer vraiment les autres dans une relation fondée sur l'affection, l'amour, voire le désir et l'appétit sexuel. Lorsqu'un jeune adolescent se masturbe fréquemment tout en ne montrant aucun signe de relation réelle avec les autres, il peut être nécessaire de l'encourager à prendre le risque de rencontrer les autres qui sont des êtres réels et non des êtres imaginés. Seuls les parents, avec leur « intuition », peuvent savoir quand il faut commencer à s'inquiéter. De la même façon, ils peuvent percevoir intuitivement que l'intérêt de leur enfant pour tel livre ou tel film ne le met pas en danger ou, au contraire, risque de faire surgir des sentiments encore difficiles à intégrer. Par exemple, il arrive que l'excitation sexuelle de l'adolescent soit liée à des expériences ou à des pensées d'abandon, de conflit, d'exclusion, de culpabilité, d'imprudence ou de cruauté. Cela peut être l'expression d'une difficulté à aborder un terrain émotionnel douloureux qui a davantage besoin d'être reconnu que d'être évité.

Les parents sont malheureusement rarement en position de savoir exactement à quoi leur enfant s'expose ou à quoi il est confronté dans ses rencontres avec ses amis ou avec des adolescents plus âgés. Pour autant, même si on est inquiet, il vaut mieux garder à l'esprit que, dans le domaine de la sexualité, l'intérêt pour ce qui paraît trop explicite, voire pervers, a des aspects positifs qu'il y a lieu de comprendre plus que de condamner. Comme tout le monde, les adolescents ont des pensées et des fantasmes pervers. Ils sont probablement soulagés quand ils s'aperçoivent que de tels fantasmes sont largement partagés et qu'on peut les trouver exprimés au grand jour. Cela peut aussi être rassurant pour eux d'avoir l'occasion de se représenter leurs fantasmes sur l'acte sexuel en regardant à la télévision des couples faire l'amour ou en lisant de la littérature érotique avant d'envisager de faire l'amour eux-mêmes.

Être attentif sans être intrusif

Si les parents surprotègent l'adolescent ou dénient cette question, cela complique ses tentatives d'explorer, en imagination ou concrètement, ces sentiments excitants, effrayants et souvent contradictoires. Pour autant, ne pas s'en mêler peut aboutir à trop permettre ces expériences de stimulation et d'excitation qui, lorsqu'elles impliquent la violence et l'humiliation, peuvent faire surgir une culpabilité considérable. Rares sont les adolescents capables d'en parler en détail. Les pères tentent parfois la complicité à propos des filles en regardant un film un peu osé, en utilisant un langage machiste ou un humour un peu grossier. Mais cela peut être ressenti comme intrusif et embarrassant. Les mères peuvent peut-être aller un peu plus loin dans les discussions sur les implications affectives de la sexualité. Mais, dans l'ensemble, il faut le savoir, c'est un sujet peu propice au partage avec ses enfants. Aussi, même si on s'en préoccupe, l'origine de bien des changements d'humeur, de colères inattendues, de joies ou de retraits restera inexpliquée. Toute la difficulté pour les parents consiste à être attentifs sans être inquisiteurs ou censeurs, mais disponibles et sans jugement.

Connaître la vie sur le plan théorique ne diminue pas l'intensité de la curiosité concernant tous les aspects de la sexualité et du monde des adultes. Garçons et filles sont très absorbés par la sexualité adulte, mais leurs investigations et leurs fantasmes sont généralement tournés vers d'autres personnes que leurs parents. Car, en fait, ils n'acceptent pas souvent l'idée que leurs propres parents puissent avoir une sexualité active.

Parlant avec un groupe d'amis d'environ 13 ans, Laura affirme qu'elle est « convaincue » que ses parents ne « l'ont pas fait » depuis sa conception. « Les miens non plus, renchérissent d'autres camarades. – Mais ta petite sœur ?, demande Sandra. – Oui, une fois peut-être », réplique Laura.
D'où sa colère et son désarroi quand, quelques semaines plus tard, elle apprend que ses parents vont avoir un autre enfant.

En dehors de sa jalousie légitime à l'égard de ce futur rival, Laura est confrontée, non pas avec la sexualité en général, mais avec celle de ses parents en particulier. C'est également le cas de ses amis.

On mesure souvent mal que c'est une perte pour l'adolescent d'avoir à déplacer ses parents dans son monde intérieur alors qu'ils en occupaient auparavant le centre. Une part de l'estime de soi dépend en effet du degré d'estime dans lequel on tient ses parents pendant l'enfance. Le fait que celle-ci diminue est souvent suivi d'une baisse significative du sentiment de sa propre valeur, fréquemment décrit par nombre d'adolescents comme un sentiment de vide, de nullité. Ces attaches étant distendues alors que de nouvelles ne sont pas encore formées, l'adolescent traverse une période pendant laquelle le souci de soi prédomine souvent.

Tisser de nouveaux liens

Au point où nous en sommes, il est important de souligner la différence entre les deux sexes. Tout d'abord, le partenaire sexuel de la fille a de fortes chances d'être du sexe opposé à celui de sa mère, tandis que le partenaire du garçon sera du même sexe que sa mère. Puis, sur le plan physique et anatomique, qu'il s'agisse de ce qui est ressenti ou de l'expression de ce désir, le garçon a une perception plus nette de son désir sexuel que les filles au même âge. Enfin, certains facteurs culturels non négligeables ont une influence majeure sur chaque sexe, comme ce qui est attendu en termes de féminité ou de virilité.

Pour les filles

À mesure que le lien à leur mère se distend, les filles ont besoin d'amitiés fortes avec d'autres filles. Fantasmatiquement, elles ont tendance alors à idéaliser, voire à sexualiser, des filles plus âgées ou des jeunes femmes pour compenser ce qu'elles ont abandonné. Il arrive parfois qu'elles soient attirées par des filles plus séduisantes et plus solides dont le caractère dominant les conforte dans leur point de vue et leurs activités.

Mais il faut garder à l'esprit que la mère n'est pas seulement l'objet d'amour, elle est aussi objet de rage et de frustration – sentiments qui maintenant s'expriment à l'égard des amies. Si une fille a eu avec sa mère une relation assez bonne, elle peut, en particulier une fois qu'elle est réglée, abandonner un peu de sa dépendance de petite fille au profit d'une féminité plus adulte à l'image de sa mère. Mais de nombreuses mères ont du mal à vivre le fait que leur fille ait alors à leur endroit une attitude négative à laquelle elles ne s'attendaient pas. C'est fréquemment le cas lorsque la relation n'a pas été facile dans le passé. La jeune adolescente lutte pour restaurer une relation ancienne datant de son enfance. En d'autres termes, parce qu'elle a le sentiment de ne pas avoir assez reçu, elle veut rester accrochée à quelque chose du passé dont elle ressent encore le besoin. D'où un sentiment de colère et de rancœur qui peut déterminer chez elle un retrait brutal et imprévisible.

Dans tous les cas, la complexité de cette première relation à la mère contribue à favoriser chez les filles la tendance à nouer des relations affectives complexes et intenses avec d'autres filles. Les garçons ne vivent pas cela de façon aussi complexe avec les jeunes de leur âge. C'est peut-être une des raisons pour lesquelles les filles peuvent être aussi méchantes entre elles à cet âge et sont si préoccupées quotidiennement par le drame des trahisons et de la déloyauté. Ce type d'amitié exige en effet loyauté et souvent exclusivité, comme un partenariat secret, parfois sexualisé et d'autant plus excitant, voire érotique. Cela peut aussi impliquer de partager des fantasmes au sujet des garçons ou des relations sexuelles adultes. Tout ceci est rassurant et donne le sentiment d'être normal. Les qualités que les filles se trouvent les unes aux autres confirment qu'elles se ressemblent ou expriment ce à quoi elles voudraient ressembler. La relation qu'une fille entretient avec les autres filles, professeurs, stars de cinéma ou autres, comporte toujours des éléments issus de sa relation originelle à sa mère, des éléments mis à distance et donc présents de façon moins menaçante.

Dans l'ensemble donc, le monde intérieur de la jeune fille est peuplé d'autres femmes. C'est une période d'intense investissement sexuel : les garçons sont l'objet de fascination, d'excitation parfois, dans le but de flirter ou de sortir avec eux, mais surtout dans le but d'en parler, d'y penser, de fantasmer. Les conversations à mots couverts sont interminables à propos de qui « le fait », qu'est-ce que « ça » fait, ce qu'est réellement le désir sexuel.

> Se décrivant à 14 ans, Claire qui en a maintenant 18 dit : « Je me sentais absolument nulle. Soit j'étais en colère, soit je me détestais. C'était tout le temps comme cela. L'écriture d'un journal m'a aidée un temps, mais ce qui a tout changé, c'est ma rencontre avec Elsa. Nous faisions tout ensemble. Nous nous disions nos secrets, nos fantasmes, nos pires terreurs, des choses que nous n'avions jamais dites à personne. Nous allions partout ensemble, nous dormions ensemble. Je suis sûre que j'étais amoureuse, mais ce n'était pas sexuel. Grâce à elle, mon univers a été transformé. Il m'est même arrivé parfois de penser que j'étais aussi belle qu'elle. Nous avions un groupe d'amis qui avait son importance, mais, pour chacune de nous, la relation vraiment proche, c'était notre meilleure amie, pour moi c'était Elsa. »

Ce n'était pas l'attirance sexuelle qui soutenait l'expérience de Claire. Cependant, les relations sont souvent secrètement sexuelles et leur caractère excitant s'exprime de bien des manières. Quand deux amies observent et comparent leurs poitrines, un intense désir de toucher les seins de l'autre peut par exemple surgir. Elles peuvent rêver d'autres filles, faire l'expérience du sentiment amoureux avec des filles et être fascinées de découvrir l'amour lesbien.

Pour les garçons

Pour les garçons, le sexe a tendance à être moins mystérieux. Ayant fait l'expérience de l'érection depuis un âge très jeune, ils n'ont pas de doute sur le désir sexuel et savent où il se situe. Leurs groupes ressemblent à ceux des filles dans la mesure où ils se retrouvent entre garçons proches et identiques. La ressemblance, en effet, est rassurante, tandis que la différence effraie.

À un autre niveau, la perte de la part d'identité liée à l'enfance et au lien très fort avec la mère se fait moins ressentir lorsque le jeune adolescent s'entoure d'autres jeunes gens qui sont, d'une certaine manière, à son image. Pour un garçon, cette perte est en partie celle de la part féminine de sa personnalité dont il sent qu'il doit se dégager, comme il doit prendre ses distances avec sa mère puisqu'il est censé devenir un homme assuré dans sa virilité. D'où souvent un excès dans ces qualités, une « virilité » exagérée particulièrement évidente en groupe, d'autant plus évidente qu'elle est empruntée à des représentations masculines plutôt grossières qui n'ont probablement rien à voir avec son propre père. C'est ainsi qu'on peut voir apparaître alors un macho qui roule des mécaniques à la voix curieusement bourrue, à la démarche inhabituelle, avec un répertoire de jurons très étendu.

L'homosexualité

Cette virilité exagérée reflète une angoisse typique à cet âge qui concerne la peur d'être homosexuel. Pendant cette période où ils essaient de clarifier leurs envies et leurs désirs, la plupart des garçons, de même que de nombreuses filles, vont avoir à éprouver leur homosexualité sentimentalement ou même physiquement. Cela fait partie de la construction de la personnalité chez celui qui se demande « Qui suis-je ? ». Mais, étant donné la norme en vigueur, cela suscite parfois de la peur, de la culpabilité, de la détresse. Il s'agit d'un passage ordinaire dans le processus de maturation. Le degré d'homosexualité acceptable se mesure au regard de la famille et des attitudes culturelles, mais ce qu'il ne faut pas sous-estimer, c'est l'inquiétude qu'éprouve l'adolescent devant une question aussi fondamentale que celle du sexe auquel il se sent appartenir.

L'exemple de Damien, 14 ans, bien qu'un peu extrême, est éclairant sur ce point. Jusqu'à l'âge de 12 ans, qui correspond à l'année de la séparation de ses parents, Damien était très proche de son père. Étant l'aîné, il avait beaucoup aidé sa mère qui avait quatre autres enfants plus jeunes. Peu après ses 14 ans, un de ses professeurs dit à sa mère qu'il était inquiet car Damien manquait souvent les cours. Celle-ci lui apprit qu'il était devenu grossier, contestataire et coléreux avec elle. Il était entièrement préoccupé par la hantise d'être homosexuel. Il était également angoissé à l'idée de ne pas avoir éteint les appareils électriques, fermé les robinets ou verrouillé les portes.

Grâce à quelques entretiens avec le psychologue scolaire, Damien prit conscience que deux idées l'obsédaient, celle d'être homosexuel et celle de ressentir physiquement du désir pour sa mère. Il avait pris pour la première fois conscience de ce désir peu de temps après le départ de son père. N'ayant pas supporté qu'un serveur mette la main aux fesses de sa mère, il avait fait une crise de jalousie.

Sa colère à l'égard de sa mère indiquait que, s'il la dénigrait, c'était pour la rendre mentalement indésirable pour lui, dans une tentative douloureuse de mettre à distance ses propres sentiments passionnels. Il est probable que ce souci de mettre à distance ses sentiments traduise une peur de ne pas contrôler ses sentiments en général et, plus précisément peut-être, ses éjaculations.

Peu de temps après avoir arrêté ses entretiens avec le psychologue, une fois qu'il eut pris conscience de ce qui le préoccupait, Damien a pu se tourner vers une fille de son âge qui l'attirait. Et, par conséquent, retrouver plus facilement ses autres centres d'intérêt. Dans le cas présent, le père de Damien n'était pas là physiquement pour faire entendre les exigences paternelles qui auraient permis l'inhibition des angoisses incestueuses du fils. Il n'était pas non plus en mesure d'offrir un soutien affectif à son fils qui était furieux et déçu qu'il ait abandonné le foyer familial. Damien avait un sentiment de mépris à l'égard de son père qu'il percevait comme un « raté ». Mais ses critiques, justifiées jusqu'à un certain point, se nourrissaient également de sentiments archaïques de colère, de peur et de haine. Les difficultés conjugales de ses parents avaient compliqué pour lui la tâche ordinaire de tout un chacun, qui est d'éclaircir la relation que l'on a avec l'un et l'autre de ses parents. Et, comme nous tous, il avait eu à reconnaître, non sans douleur, l'autorité de son père et à prendre sa place, non pas en fonction de sa mère, mais en fonction de ses parents en tant que couple. Se retrouver avec sa mère pour lui tout seul avait fait resurgir l'angoisse et la culpabilité d'antan. C'était pour lui troublant et ingérable.

Jean se souvient avec précision des préjugés concernant l'homosexualité chez les jeunes de sa génération. Il se rappelle avoir été soutenu par une mère compréhensive qui l'a aidé à exprimer ses sentiments. Il raconte les problèmes qu'il a rencontrés dans son entourage vers l'âge de 14 ans, lorsqu'il a commencé à se faire de vrais amis, pas juste des copains qu'on croise au foot, ce qui n'engage pas l'intimité. « À 14 ans, je commençais à tisser de vrais liens d'amitié avec des filles et pas seulement à sortir avec elles. J'avais aussi comme ami un garçon efféminé que tout le monde croyait homosexuel et qui était plus intéressant que beaucoup d'autres. À cet âge, les jeunes peuvent être cruels dès qu'il s'agit de différence. Ils ne m'adressaient plus la parole parce que j'étais l'ami d'un homosexuel. Cela aurait été beaucoup plus facile de ne pas l'avoir pour ami. J'en étais bouleversé. Heureusement, ma mère a été formidable. Elle m'a dit que je devais garder cette amitié malgré ce que les autres disaient. Elle avait beaucoup d'influence sur moi. Je suppose qu'elle était attentive sans être intrusive.

Des sentiments nouveaux, des émotions anciennes

Les changements physiques liés à la puberté font donc surgir des sentiments puissants, nouveaux et, par conséquent, mystérieux et inquiétants – inquiétants car ils appartiennent à des strates de l'inconscient ancrées dans les premières expériences de la vie et auxquelles, d'ordinaire, on ne peut pas penser. Cela donne en quelque sorte la clé de la culpabilité et de la honte si fréquentes à cet âge. Dans une certaine mesure, ces sentiments sont liés à quelque chose qui reste innommé. Le jeune de 12 à 14 ans ne sait pas ce qui le rend si honteux et coupable. La réponse se trouve sans doute dans ces régions inconnues du désir et de la rage dans lesquelles la pensée consciente ou les fantasmes de masturbation sont ressentis comme ayant été réalisés.

Lorsque quelque chose ne va pas, le petit enfant pense *a priori* qu'il y est pour quelque chose. Plus tard, ses pulsions sexuelles et agressives viennent souvent raviver et intensifier cette anxiété.

En se remémorant ces années, Joanna, 19 ans, illustre très bien cette idée : « Tout me semblait effrayant. Je pensais que je devenais folle et que tout était de ma faute. Puis, je me disais que ce n'était pas ma faute mais celle de mon père. D'une manière ou d'une autre, c'était terrible. Je me sentais tout le temps complètement incomprise – soit j'étais furieuse, soit je me détestais, j'avais peur de ce qui allait se passer. Est-ce que ce serait comme ça jusqu'à la fin de ma vie ? Je niais ce qui se produisait dans mon corps et, en même temps, le fait de me poser la question, de me demander si c'était normal d'être attirée sexuellement par certaines personnes me faisait énormément souffrir. »

Joanna avait des parents attentifs et bienveillants qui se considéraient comme à l'écoute et compréhensifs. Pour autant, ils allaient bientôt faire l'expérience d'un sentiment familier à bien des parents : celui de se rendre compte que les modèles qu'ils pouvaient offrir étaient devenus obsolètes.

Ce que recherchent fréquemment les jeunes dans les groupes, quels qu'ils soient, c'est une source d'identification alternative aux stéréotypes que leurs parents représentent habituellement. Par exemple, les filles peuvent s'acharner à chercher une identification positive qui ne soit pas uniquement du côté du maternel ou du côté de l'objet sexuel ou bien au contraire, aujourd'hui, de la « femme battante ». Pour les garçons, les stéréotypes masculins peuvent être attirants par leur puissance et leur érotisme, mais être en contradiction avec leur tendresse et leur sensibilité. On peut être certain que, dans le domaine de la sexualité, garçons et filles vivent à cet âge une pression intense qui vient simultanément de la vie intérieure et du monde extérieur. L'excitation et la culpabilité seront rarement éclairées et dépassées par un dialogue avec les parents. Supporter d'être mis à l'écart est souvent difficile pour les parents. Le mieux est qu'ils soient sensibles à ce qui se passe et respectueux de l'intimité de leur enfant.

3 LA VIE SCOLAIRE

La plupart des jeunes entre 12 et 14 ans sont plus attirés par leurs copains que par leur famille. Ces années leur servent en quelque sorte de transition entre un mode de vie familier et connu et un autre, nouveau et mystérieux. En général, les parents constatent qu'ils ont bien moins de contacts avec le quotidien de l'école, surtout quand ils avaient l'habitude d'aller chercher leurs enfants, éventuellement jusque dans la cour de récréation, et de bavarder avec les institutrices. Maintenant, ils se sentent presque mis à l'écart : ils ne savent plus ce qu'est le quotidien de leur enfant et ne connaissent plus son environnement scolaire.

Depuis l'entrée en sixième, les professeurs ont des noms mais plus de visage. Les nouveaux règlements explicites ou implicites ne sont pas clairs, les parents ne peuvent deviner ce qui suscite l'anxiété de leur enfant. Même s'ils sont conscients qu'il subit une pression, ils ignorent sa cause et ne savent donc pas comment le soulager. Plus encore, la plupart du temps, ils ne sont plus en position de leur apporter une aide efficace. La transition entre l'école et le collège est en effet bien plus importante qu'on ne l'imagine. Pourtant, le changement d'école était souvent attendu avec impatience. Nombreux sont les enfants qui, lorsqu'ils arrivent au terme du cycle primaire, sont contents de quitter leur ancienne école. Pour un nombre important d'enfants, le bouleversement de l'entrée au collège et le changement de mode de vie que cela implique sont tels que l'adaptation peut être longue et même durer toute l'année de la sixième.

Les parents ont souvent eu du mal à saisir les effets de cette nouvelle vie pendant l'année des 11 ans. Il a fallu en rabattre sur le désir, évoqué au chapitre 1, que l'on s'occupe de l'enfant vingt-quatre heures sur vingt-quatre, dans la mesure où, à partir de la sixième, il ne reçoit plus à l'école qu'un minimum d'attention. Certains ont eu beaucoup de mal à s'adapter, à faire le trajet tout seuls pour aller au collège, à avoir un professeur par matière, à changer de salle de classe en transportant leurs affaires, à assumer la responsabilité de communiquer avec les adultes de l'école et de faire la liaison avec les parents, et enfin à organiser correctement le travail demandé.

Se faire des copains

Avoir des copains est évidemment fondamental, mais les choisir est souvent très stressant. Cette nouvelle vie sociale confronte les jeunes adolescents au plaisir ou à la douleur d'être inclus ou exclu, populaire ou rejeté. Ne s'étant jusqu'à présent jamais souciés de différence ethnique, de classe sociale ou de sexe, depuis l'entrée en sixième, ils sont confrontés à la division, au regroupement, à la hiérarchie qu'elle suppose au sein de la communauté scolaire. Par exemple, au collège, il est clair que les jeunes ont d'autant plus tendance à se regrouper selon leurs origines qu'ils partagent un même style reconnaissable à travers la mode, le langage, la musique, les centres d'intérêt et les comportements. La différence des niveaux de vie, qui devient également plus visible, permet à certains des activités extrascolaires et ne laisse à d'autres que le choix de traîner dans les parcs et la rue. Ces différences conduisent souvent aux premiers actes de tyrannie, de petite délinquance, de vols organisés en petits groupes ou en bandes.

En fin de compte, le jeune collégien est mis en demeure de découvrir qui il est en fonction de l'image qu'on lui renvoie de lui-même. Rares sont les enfants qui n'ont pas déjà eu dans le primaire l'expérience de petites persécutions, mais les débuts du secondaire, stressants pour tout le monde, tendent à rendre plus aiguës les réactions des enfants confrontés à l'insécurité et à la différence.

Avec le recul de ses 19 ans, Jeanne décrit ces années de préadolescence : « J'ai vraiment détesté ces années. C'était pénible de faire semblant d'être sûre de moi alors que je ne l'étais pas. Tout le monde regardait tout le monde tout le temps. Pas une minute de la journée, je n'étais consciente de ce à quoi je ressemblais. J'étais toujours complètement à côté de la plaque : pas assez classe moyenne pour certains groupes, pas assez classe ouvrière pour d'autres, pas du bon sexe, pas de la bonne ethnie. Je me sentais mal. Et, par-dessus tout, j'imagine que j'ai découvert la cruauté des filles entre elles : leur façon subtile et minante d'exercer leur méchanceté, qui me laissait un sentiment de nullité dont je ne pouvais parler à personne. »

L'attitude des parents face à l'école

En dépit de ce qui a été évoqué au sujet de l'entrée au collège, les enfants y ont fait leur rentrée aussi naturellement que des canards se jettent à l'eau. En revanche, il arrive fréquemment, en sixième et cinquième, que les parents aient une idée globale des difficultés que peuvent traverser leurs enfants sans avoir une idée précise de leurs expériences. Quelquefois, à l'occasion d'un mal de ventre ou de tête qui apparaît mystérieusement et semble être le prétexte pour ne pas aller à l'école, ils découvrent indirectement ce qui se passe. Il est difficile pour les parents de prendre conscience de ce que peuvent cacher ces petites maladies et de reconnaître leur impuissance à « arranger » les choses comme ils le faisaient auparavant. Leur fils ou leur fille doit se débrouiller pratiquement tout seul maintenant. Pourtant, même s'il est douloureux, ce combat qui se fait sans l'aide des parents – parfois même sans leur soutien – peut permettre au jeune adolescent de trouver sa place dans le monde et de savoir qui il est.

Même si les enfants n'attendent plus d'eux qu'ils s'intéressent de trop près à leurs activités scolaires, l'attitude des parents vis-à-vis de la scolarité et des professeurs reste néanmoins essentielle. Derrière une apparente désinvolture, le jeune de 14 ans voudrait tout de même que ses parents sachent le nom du professeur d'anglais qu'il a eu pendant deux ans, qu'ils comprennent plus ou moins l'argot courant, qu'ils reconnaissent les difficultés quotidiennes rencontrées dans leur école, comme l'absence de papier toilette. Plus que tout, ils ont besoin qu'on s'intéresse à leurs réussites plutôt qu'à leurs échecs.

> Samuel, dont le père avait quitté la famille, était extrêmement soucieux de l'opinion que ce dernier pouvait avoir de lui. Avec un plaisir anticipé, il avait apporté à son père son excellent bulletin scolaire. « C'est bien, mais pourquoi n'as-tu que 10 en français ? » Samuel en a été désespéré. Son père n'a plus jamais revu de bulletin scolaire.

En général, l'enfant se sent soutenu lorsque les parents sont dans l'ensemble en accord avec les professeurs et avec l'école malgré ses inévitables imperfections. Ils doivent cependant trouver un juste équilibre et ne pas déléguer toute la responsabilité de leur enfant à l'école ou sous-estimer le poids de cette autorité. C'est parfois compliqué, surtout lorsque les enfants rapportent avec délectation certaines attitudes ou comportements de professeurs qui ont de quoi vous faire dresser les cheveux sur la tête. Mais prendre parti est rarement une bonne solution. D'une part, le fait de ne pas remettre en question l'attitude de l'école peut renforcer une certaine rigidité à la maison et priver l'enfant, là aussi, de la possibilité de se tourner vers quelqu'un. Cela peut amener l'enfant à se montrer aussi rigide dans son propre groupe d'amis. D'autre part, il n'est pas souhaitable que les parents acceptent systématiquement la version de leur enfant en bloc sans tenir compte de la force de conviction avec laquelle il rapporte la situation. À cet âge, tout a tendance à être vécu très intensément en positif ou en négatif et, surtout, reste réversible.

Un autre point très important pour l'enfant est de sentir qu'on ne balaie pas d'un « C'est la vie » son opinion, par exemple sur le comportement injuste d'un professeur, ni qu'on l'interprète comme un manque de respect, mais qu'on la prend au sérieux. Les 12-14 ans ont souvent un sens de la justice absolument intransigeant, même s'il est parfois cruel. Qu'on les encourage un peu à faire preuve de tolérance ou tout au moins d'imagination concourt à les aider à voir les choses sous un autre angle. Si l'enfant persiste à se plaindre d'injustices flagrantes, il peut devenir nécessaire d'agir. La frontière est alors subtile entre l'intervention des parents et la démission, tant au niveau de leur intérêt pour la question qu'à celui de la responsabilité. Cependant, il est difficile de bien faire. Vous fâcher contre un enfant qui « persécute » votre fille ? Appeler ses parents ? Conseiller à votre fille de tenir le coup ? Ou vous plaindre auprès de l'école ? Aussi résistants qu'ils puissent paraître, la plupart des enfants sont rassurés de sentir que l'école et les parents coopèrent. Ils ont aussi besoin de sentir que leurs parents, qu'ils soient séparés ou non, sont dans l'ensemble d'accord sur leur scolarité et leur mode de vie.

Emmanuel, 13 ans, décrit de façon frappante la fierté et l'horreur qu'il a éprouvées lorsque sa mère a fait irruption dans le bureau du principal pour se plaindre des brimades dont il était l'objet.

Tenir fermement une position peut vivement soulager l'enfant, même si cela ne lui plaît pas. Mais la prudence est de mise pour juger s'il faut encourager son enfant à se défendre lorsqu'il se plaint d'être embêté, voire maltraité, ou entendre qu'il s'agit de quelque chose de plus grave, à savoir qu'il est victime de cruauté à un degré inacceptable. Pour repérer la nuance, il faut être particulièrement sensible aux humeurs et aux comportements de l'enfant pendant une durée suffisante afin de repérer s'il y a dépression, réticence à aller à l'école ou baisse de la qualité du travail. Associé à cette attention, un dialogue avec le professeur principal ou un membre de l'équipe pédagogique peut aider à déterminer la gravité du problème, à voir si l'enfant est devenu l'objet d'une attitude malveillante. Dans ce cas, lorsque le parent intervient malgré les réticences de l'enfant et que l'école a une réaction appropriée et rapide, il s'en trouve rapidement soulagé.

Les parents de Julie avaient remarqué, depuis plusieurs semaines, que leur fille dormait mal, pleurait facilement et rechignait de façon inhabituelle à aller au collège. Quand ses parents la questionnaient avec bienveillance, elle leur assurait qu'il ne se passait rien et les priait de la laisser tranquille. Mais un soir, tard, elle a fini par livrer à sa mère ce qui la contrariait. Certains garçons de sa classe l'embêtaient et utilisaient à son sujet des mots particulièrement crus et racistes. Julie fit jurer à sa mère de ne rien dire. Elle aurait préféré mourir plutôt que cela se sache ou que l'on puisse croire qu'elle avait inventé des histoires.

Son désarroi persistant, sa mère, après en avoir parlé avec d'autres parents, décida d'en informer le professeur principal. Le professeur réagit en proposant ce thème de discussion à toute la classe sans évoquer l'histoire de Julie, mais en tant que problème observé à l'école. De tels agissements seraient à l'avenir fermement sanctionnés. Julie fut profondément soulagée que ses parents et l'école aient coopéré sans trahir sa confiance et sans qu'elle ait à porter la responsabilité d'avoir soulevé le problème.

Par ailleurs, les professeurs peuvent également signaler les problèmes que l'enfant rencontre dans sa relation avec les autres, que ce soit dans la classe ou en dehors. Ils occupent une place particulière qui leur permet d'observer les relations qui se tissent entre les adolescents. Ils ont, par conséquent, accès à bien des aspects de leur vie qui échappent maintenant aux parents.

En fait, durant ces années, les professeurs ont un rôle central dans la vie des jeunes. Leur capacité à déceler les formes complexes que peut revêtir la communication des jeunes, à y répondre non pas pour ce qu'elle laisse paraître superficiellement, mais pour ce qu'elle signifie réellement, peut être déterminante pour l'expérience scolaire de chacun. Le professeur occupe une position clé parce qu'il est en dehors du cercle familial. Il a souvent une vaste expérience des sentiments, des comportements et des relations sociales des 12-14 ans, ainsi qu'une connaissance de leurs aptitudes cognitives et du développement de leur intelligence.

Pour peu que le professeur soit suffisamment sensible, il va percevoir qu'une difficulté dans un de ces domaines peut être l'indice d'une certaine anxiété. Il pourra alors décider s'il convient de l'évoquer avec l'enfant tout seul ou avec sa famille. Un tel enseignant peut également être sensible au stress et aux conflits qui se cachent souvent derrière une attitude hostile ou des problèmes de comportement en général. Un jeune adolescent sera plus fortement soutenu et plus encouragé s'il est compris que s'il est seulement puni ou rappelé à l'ordre, ce qui peut induire chez lui de la crainte et du découragement.

À 14 ans, Nicolas a été pris en train de fumer du cannabis avec un groupe d'amis dans l'établissement. Ils étaient visibles depuis la salle des professeurs. Il a été sévèrement réprimandé, ses parents ont été convoqués et il a été renvoyé une semaine. Son père pensait que cette attitude délinquante et inattendue était peut-être liée au fait que Nicolas avait été rackétté par des garçons plus âgés peu de temps avant. On lui avait volé sa montre et ses baskets. Il avait été profondément secoué par l'événement. Mais l'école a négligé le lien entre cette infraction aux règles et la précédente. Bien que sensible à l'attitude compréhensive de son père, Nicolas s'est montré de plus en plus distant et difficile à l'école, la qualité de son travail scolaire s'en est considérablement ressentie.

Si Nicolas avait rencontré un professeur ou un principal plus compréhensif et moins attaché à réagir en fonction du règlement, il en aurait probablement beaucoup moins souffert dans sa vie scolaire.

Le rôle de l'apprentissage

Pendant cette période, le jeune adolescent a un potentiel exceptionnel en matière de réflexion, d'apprentissage, de capacité à réunir des informations et enfin d'aptitude à acquérir un savoir-faire technique. C'est bien parce que cet essor concorde avec le moment où de nombreux aspects de la vie changent constamment que la vie scolaire devient un baromètre important. Néanmoins, il n'existe pas de corrélation simple entre les difficultés scolaires et émotionnelles. En réalité, c'est souvent dans l'autre sens que cela se passe. Par exemple, de nombreux parents sont conscients que le temps que leur enfant peut consacrer au travail à la maison dépend moins de sa joie d'apprendre que de l'anxiété suscitée par les turbulences de sa vie personnelle et sociale.

Cependant, d'une manière générale, même en pleine tourmente, certains apprentissages semblent continuer à se dérouler sans problème. Ainsi, pendant cette période, le développement intellectuel joue un rôle prépondérant dans la perception que les jeunes adolescents ont d'eux-mêmes et de leur place dans la société. Un rôle prépondérant également pour la découverte de nouveaux centres d'intérêt et de nouvelles capacités et pour la construction de l'estime de soi.

Apprendre peut également être une source de rencontre avec les autres, même si cela est rarement reconnu comme tel.

> Jonathan, 17 ans, évoquant cette période, constate : « En général nous nous plaignons toujours du travail. Les enfants se plaignent de l'école, mais on apprend des choses et ça nous intéresse. L'école est quand même un lieu où l'on a envie d'être et quand on est trop longtemps à la maison, on s'ennuie. On a du mal à l'admettre, mais c'est ce qu'on pense. On n'en parle pas, mais on pense que, dans l'ensemble, c'est pas mal. »

De nombreux parents seraient surpris de constater que des adolescents plus âgés sont d'accord avec Jonathan. Rétrospectivement, nombre d'entre eux regrettent que l'école n'ait pas eu plus de prise sur eux et ne les ait pas plus soutenus et encouragés dans leur travail. Ils ont le sentiment que les amis avaient tendance à occuper toute la place et pas toujours dans le bon sens et que, par conséquent, leur travail en pâtissait, surtout en période d'examens. C'est un point de vue auquel bien peu auraient souscrit à l'époque, pourtant, certains se souviennent avec précision s'être peu à peu désintéressés de l'école par ennui ou parce que l'on n'avait pas été assez exigeant avec eux. Ils attribuaient leur cafard aux frustrations suscitées par le fait de ne pas se « mettre réellement au travail ».

Pour d'autres jeunes, les exigences du collège sont source d'un certain stress et de conflits parce qu'elles réveillent en eux des sentiments liés à la compétition, à la peur de rater, à l'excès de perfectionnisme. Lorsque ces sentiments expriment d'autres problèmes, ils peuvent avoir l'impression d'être débordés. Pour d'autres encore, cette même pression permet de prendre peu à peu conscience de leurs capacités et de leurs forces. Elle ouvre leur esprit à des centres d'intérêt nouveaux, stimule leur curiosité, ce qui renforce la construction de leur personnalité, construction qui ne demande qu'à être encouragée. Il est en effet très difficile pour les parents de ne pas gêner leurs enfants en les surprotégeant ou, à l'inverse, en les lâchant trop tôt, ce qui peut les pousser à se renfermer au risque de porter préjudice à leur personnalité. L'école paraît être un monde en soi mais l'engagement des parents, leurs encouragements et leur intérêt peuvent être beaucoup plus importants qu'il n'y paraît. En effet, les tensions liées à la collectivité sont nombreuses et peuvent parfaitement rejaillir brutalement dans la vie de famille. Leur montrer avec bienveillance que l'on est conscient de leurs combats quotidiens peut être déterminant dans la façon dont ils les mèneront.

4 LES GROUPES

L'appartenance à un groupe est la solution que recherchent fréquemment les 12-14 ans pour surmonter le stress et les incertitudes de la vie au collège, pour réussir à prendre de la distance avec la famille et assumer la confusion de leurs sentiments. À cet âge, les groupes d'amis sont d'une importance primordiale. Que le groupe soit bon ou mauvais, on peut dire qu'il domine l'expérience des enfants au collège. Ces groupes ont diverses fonctions, souvent différentes pour les garçons et les filles. Ce qui est angoissant pour les jeunes de 12 ans et plus particulièrement pour les filles, c'est peut-être de ne pas encore avoir trouvé un groupe auquel appartenir en toute sécurité. Ils souffrent plutôt de trahisons quasi quotidiennes, de déloyauté, d'exclusions, d'espoir ou de séparations difficiles à supporter ou à pardonner. Mais, vers l'âge de 13-14 ans, le groupe prend un sens presque tribal, réunissant ses membres dans des relations passionnelles et intenses et rejetant avec hostilité et indifférence les adultes, ce que les parents ont parfois du mal à accepter.

Les groupes qui se forment chaque année reproduisent souvent les divisions et les hiérarchies sociales : comme, par exemple, l'origine, le sexe, la classe sociale. En général, il y a les groupes branchés et les groupes ringards, les intellos et les cas désespérés, les chefs et les je-m'en-foutistes, l'élite et les méprisés, les envieux, les durs et les dégonflés.

Chaque école produit ses propres schémas de groupes. On remarque avec intérêt que l'hésitation des jeunes entre les différents groupes, qui représente leurs incertitudes sur leurs identifications futures et leurs choix à venir, a tendance à se poursuivre jusqu'à l'âge de 13 ans. Les aller-retour significatifs d'un groupe à l'autre se font ensuite plus rares. Parfois, un enfant appartient à plusieurs groupes. Il est alors courant qu'il y fasse des choses très diverses, qu'il se comporte autrement, qu'il se sente différent selon le groupe dans lequel il se trouve. Il peut être extrêmement réticent à l'idée que l'un des membres d'un groupe en fréquente un autre autant qu'il l'est à celle de rencontrer ses parents lorsqu'il est avec ses copains. Il peut appartenir à des groupes dans des contextes différents, même si ces groupes n'ont rien de commun les uns avec les autres. Multiplier les appartenances permet au jeune adolescent de maintenir distincts les différents aspects de sa personnalité. Ce n'est que lorsqu'il ressent une cohérence entre ses différentes facettes qu'il arrive à décloisonner et à faire se rencontrer des membres de groupes différents. Il peut s'agir de groupes larges, par exemple ceux qui réunissent les fans d'une équipe de football. Mais, quelle que soit la taille du groupe, la question essentielle est toujours la même : appartenir à un groupe est une façon de chercher son identité. C'est au moment où les relations avec les parents deviennent distantes ou difficiles que le groupe, indépendamment de ce qui rassemble ses membres, a pour fonction de sécuriser les jeunes. Certaines facettes de la personnalité, pas encore reconnues ni perçues comme constituant l'identité en devenir, peuvent néanmoins se conjuguer grâce au groupe et aux liens invisibles qui le tissent. Le groupe devient ainsi un lieu sûr où toutes les facettes de la personnalité peuvent se déployer, notamment lorsqu'elles sont difficiles à intégrer.

En général, dans un groupe plus ou moins cohérent du point de vue des styles, des origines, de la mode, du niveau social, un membre est plus dur que les autres, un autre plus intelligent, plus sensible ou plus réfléchi ou encore plus fragile que les autres. Chacune de ces caractéristiques est constitutive de la personne. On en a un bon exemple avec les stéréotypes simplistes attribués à chacun des membres des Beatles, par exemple. John était l'imprudent, Paul incarnait la sensibilité, Georges, brillant, suivait le mouvement, Ringo était le fauché. **Les jeunes ont généralement de très fortes motivations**

pour se regrouper et faire l'expérience de la ressemblance et de l'appartenance.

Clémence exprime ainsi ce que chacun a pu ressentir par moments : « J'étais complètement incomprise et marginale. » La position au sein du groupe et l'approbation par le groupe sont des données primordiales. Duperies et trahisons sont presque fatales. Ces groupes recréent les conditions d'une minisociété avec ce qu'elle implique de compétition et de recherche d'une position sociale, sans jamais toutefois atteindre une intensité qui pourrait menacer le groupe lui-même. Ainsi, des pulsions aussi diverses que l'ambition, la contestation, la solidarité, la coopération, la dépendance, la destruction peuvent être vécues et expérimentées, mais avec, pour limite, la structure sécurisante du groupe.

La pression du groupe est souvent forte. Rester un membre en adéquation avec le groupe tout en étant soi-même est ressenti par les jeunes comme une contrainte complexe.

> Anna, 14 ans, commente : « C'était pesant de devoir être conforme à ce qu'ils pensaient de moi – merveilleuse, attirante, désirable. J'avais l'impression de ne pas arriver à les quitter pour retrouver mon journal intime, alors que c'était le seul moment où je pouvais être vraiment moi-même et exprimer mes inquiétudes. »

Ses amis auraient été surpris, eux qui pensaient d'Anna qu'elle était l'âme et la vie de toutes les fêtes. Mais peut-être qu'au fond, chacun d'eux devinait la vérité. Ces amitiés si proches sont souvent un moyen de lutter contre la peur de l'isolement et contre la pression qu'implique le fait d'avoir à sauver les apparences.

Au collège, les réseaux de copains occupent une place centrale dans l'existence. Ils garantissent l'estime de soi et le sentiment de l'identité. Rien n'est plus important que la vie sociale. Les crises quotidiennes de la vie du groupe peuvent masquer une détresse et une inquiétude profondes.

Géraldine, dont les parents s'étaient séparés peu après ses 13 ans, décrit la vie de l'école comme la chose la plus importante qui soit. « La séparation de mes parents m'importait bien moins que le fait d'avoir embrassé un garçon ou de porter le dernier jean à la mode. Le travail était secondaire. C'était la vie sociale de l'école qui comptait et rien d'autre. »

Le plus affectueux des enfants peut rejeter ses parents. Ce que fait le groupe acquiert une importance extrême. Quant aux professeurs, même les plus sympas deviennent nuls et embarrassants. « Ils me considéraient comme un dieu la première année, la troisième, tout ce que je faisais était méprisable et j'avais tort. Ce n'est que la quatrième année qu'ils m'ont accepté à nouveau comme un ami et professeur pour lequel ils avaient du respect », raconte l'un d'eux.

Les plaisirs de la vie de groupe

Pendant cette période, le travail est plutôt secondaire. Il interrompt la vie sociale ! La nécessité de continuer à étudier va à l'encontre de l'intense pression exercée de l'intérieur et de l'extérieur par le groupe, tout occupé à résoudre entre ses membres la question de l'identité de chacun. Les ragots prédominent et sont la source essentielle d'informations sur les autres. Les parents voient le téléphone monopolisé dès le retour du collège. Cet appétit de conversation est coûteux et sans limites. Parler des sentiments de chacun, de ses réactions et de ses faits et gestes permet souvent de tester les différentes facettes de soi-même et leurs effets sur les autres. En d'autres termes, on peut dire que le sujet de ces conversations est une expérimentation de soi et qu'il est inépuisable et fascinant.

Il est également essentiel d'être présent à toutes les fêtes tout autant pour le principe de n'en avoir raté aucune que pour en faire l'analyse ou pour le plaisir d'y être. C'est la période durant laquelle ce type de pressions est le plus cruel. Devoir choisir entre travailler et voir les copains est un dilemme douloureux. Cela fait l'objet d'affrontements violents avec les parents et ceux-ci ont de plus en plus de difficultés à poser des limites à mesure que l'exigence de vie sociale de leur enfant s'intensifie. Le conflit ne s'apaise qu'un peu plus tard, au début de la quatorzième année. Les adolescents décident alors de se mettre au travail ou de se joindre à ceux qui renoncent. Mais, jusque-là, leurs préoccupations majeures restent l'habillement, les cheveux, la musique, l'image, l'apparence et, surtout, le fait d'être accepté.

Noémie a été convoquée chez le principal car elle avait été surprise en train de fumer dans l'établissement. Lorsque celui-ci est sorti de son bureau, il s'est trouvé en face de six adolescents de 14 ans, tous habillés pareil. L'un d'eux a dit au proviseur : « Nous voulons qu'elle sache qu'on est avec elle. »

Même s'ils sont en proie à toutes les inquiétudes que nous avons décrites plus haut, à 14 ans, les jeunes sont souvent plus heureux qu'à 12 ans. Ils sont moins confus quant à leur identité et leurs amitiés et pas encore vraiment soucieux d'être en couple, préoccupation qui apparaît un peu plus tard. Ils sont encore relativement libres par rapport à la pression des examens ou par rapport à la question imminente : « Qu'est-ce que je vais faire de ma vie ? » Toutes les expériences d'affrontement, d'échange, de scission, d'exclusion, qu'elles soient douloureuses ou satisfaisantes, sont vécues dans le contexte de la structure du groupe qui a une fonction de *holding*, comme le disait le Dr D.W. Winnicott, pédiatre et psychanalyste anglais, c'est-à-dire de maintien psychique [1]. Le groupe constitue une alternative à la structure familiale car il n'est jamais aussi strict qu'elle, mais ne permet pas non plus une insouciance totale. De nombreux adolescents de 14 ans abordent l'année scolaire avec une certaine crainte, voire une certaine terreur. Un peu comme si la fête était finie.

1. Le *holding* est devenu un concept psychanalytique qui s'applique à la relation mère/enfant. Il renvoie au fait de porter, tenir et maintenir le nourrisson. Le groupe reproduit ce comportement maternel, essentiel au bon développement du tout-petit.

Les bandes

Faire partie d'une bande ne concerne bien évidemment pas tous les jeunes de 12 à 14 ans. Les groupes dont nous avons parlé plus haut ne présentent pas de dangers, il y règne une certaine coopération, une entraide, une solidarité en même temps qu'une certaine compétitivité. Les bandes se distinguent de ces groupes par leurs attitudes et leurs activités. Il existe aussi des jeunes qui ne rejoignent aucun groupe, aucune bande, mais restent solitaires, à distance de leur famille ou de leurs semblables.

Contrairement au groupe d'amis de Noémie, certains regroupements de jeunes fonctionnent sur un mode moins constructif et sont fondés sur la tyrannie et la soumission, la rébellion et la criminalité. La rencontre peut s'articuler autour des aspects destructeurs de la personnalité dans le but de nuire plutôt que de bien faire. Néanmoins, tous les groupes ont tendance à exercer par moments une pression sur un de leurs membres et à le pousser à faire quelque chose qu'il n'aurait pas fait tout seul. Fréquenter des jeunes parce qu'ils semblent incarner la part la plus obscure ou la plus peureuse de leur personnalité et créer avec eux une atmosphère de peur et d'oppression est encore une autre démarche, très attirante pour ceux qui ont subi intimidation et oppression.

> « La seule chose sur laquelle je pouvais compter avec ceux-là, c'était les ennuis, raconte Arthur à propos de la bande qui l'avait séduit. J'ai commencé à traîner avec eux quand l'un d'entre eux m'a dit : "T'es cool, on aime bien comment t'es sapé." Je me suis senti bien pour la première fois. On m'appréciait. J'avais envie de devenir leur ami. Mais ils ont commencé à faire des choses que j'avais pas vraiment envie de faire, du genre sécher les cours, ne pas faire les devoirs. C'est comme ça que je me suis trouvé embarqué, même si je savais bien que ce n'était pas moi. »

Il est clair qu'Arthur était déjà un être vulnérable et qu'il ne s'aimait pas lui-même. Le fait de se sentir accepté, d'avoir des amis dont il pensait être apprécié, même pour ses côtés les plus « durs », lui donnait au moins le sentiment d'avoir un « refuge ». En dépit de ses résistances, Arthur a été amené à prendre un chemin qu'il méprisait et ne désirait pas suivre. Il vivait dans la crainte d'être pris ou découvert par ses parents et redoutait que ces derniers le lâchent, l'abandonnent.

La bande était dominée par deux caïds plus âgés qui bénéficiaient d'une certaine aura, parce qu'ils étaient « cool » et surtout parce qu'ils avaient une longueur d'avance en matière de sexe et de drogue. Ils offraient aux plus jeunes ou aux plus faibles la possibilité de s'identifier à eux en devenant quasiment des clones et en persécutant les autres bandes ou en faisaient des victimes au sein de leur propre groupe. La moindre velléité de vouloir quitter le groupe entraînait une menace de rétorsion. Arthur s'en est sorti grâce à l'intervention de son frère aîné qui a averti leurs parents. Ces derniers ont pris conscience de la terreur et du malheur d'Arthur. Ils ont aussi pris la mesure de l'étendue des mensonges que la peur l'avait conduit à multiplier. Des années plus tard, Arthur avait encore beaucoup de difficultés à croire que ces soi-disant « caïds » avaient eu une telle influence sur lui. « Ils étaient victimes eux-mêmes et, le pire, c'est qu'ils n'ont pas changé. Ils sont exactement pareils. Ils n'ont jamais grandi. »

La solitude

J'ai été amenée à faire des généralisations sur les 12-14 ans, mais chaque enfant grandit à son propre rythme. Certains restent plus longtemps proches de leur famille, en accord avec les valeurs et les attitudes de leurs parents, préférant ne pas prendre de risques et mettre de la distance. D'autres ne sont pas en mesure de passer beaucoup de temps avec des amis et peuvent chercher un autre genre de compagnie. À travers la lecture, les animaux, les héros de films ou, plus secrètement, avec des jouets avec lesquels habituellement on ne joue plus à cet âge. Il n'y a pas forcément lieu de s'inquiéter de ce penchant pour la solitude. Si c'est une solitude choisie, elle peut témoigner d'une connaissance de soi suffisante qui permet au jeune de décider du moment où il s'estimera prêt à découvrir le monde extérieur. La solitude peut aussi exprimer l'inquiétude de grandir, un évitement des situations conflictuelles et confuses, une sorte de fuite qui se traduit par une léthargie chez certains ou par une attirance pour l'alcool et la drogue chez d'autres.

Ainsi, Sandra, la petite sœur d'Arthur, est de ces jeunes qui, pour des raisons géographiques ou par tempérament, sont beaucoup plus solitaires. L'isolement peut, comme dans son cas, refléter un ensemble de problèmes familiaux. Particulièrement petite de taille, sans grand appétit depuis toujours, Sandra était le bébé de la famille. Elle avait envie de rester « dans le nid », à l'abri des terribles dangers qu'elle pressentait à l'extérieur. Elle restait le plus possible à la maison, regardant la télévision, ne s'intéressant en apparence à rien en particulier. Après l'entrée au collège de Sandra, sa mère n'avait plus eu le temps de s'occuper d'elle et, en l'absence de la protection d'un groupe semblable à celui de son frère qui lui aurait donné le sentiment d'être quelqu'un, Sandra a été l'objet de graves persécutions.

Sandra avait un sérieux handicap pour faire partie d'un groupe : elle était petite, elle était différente. Il lui manquait la qualité requise : être semblable aux autres. Il est possible que, par son désir de la protéger des souffrances de la vie, sa mère l'ait empêchée d'acquérir les capacités nécessaires à la survie dans la « jungle scolaire ».

Les longues périodes de léthargie ou d'ennui apparent dans lesquelles les 12-14 sombrent parfois, qu'ils meublent par les jeux vidéo, la télé, la musique, peuvent donner l'impression qu'ils sont stupides, ce qui contrarie beaucoup les parents. Le jeune de 11 ans, pétillant et enthousiaste, semble maintenant être devenu « idiot ». C'est très vraisemblablement le signe d'un retrait par rapport aux conflits immédiats, mais cela doit néanmoins être pris au sérieux. Les « coups de cafard » peuvent aussi être le signe d'une fuite ou d'une dépression plus profonde qui requiert plus qu'une attitude tolérante et bienveillante, et éventuellement l'aide d'un psychologue. Certains jeunes ont tellement peur de leur colère et de leur intensité pulsionnelle que, s'ils n'apprennent pas qu'ils peuvent exprimer leurs sentiments en toute confiance dans une situation où ils sont entendus et compris, ils ne peuvent pas non plus les reconnaître comme des sentiments avouables.

Sandra était toujours entourée de gens qui savaient parfaitement exprimer des sentiments négatifs, mais elle ne se sentait pas assez sûre d'elle pour en faire autant. Ainsi elle n'avait jamais appris à se prendre en considération. Son manque d'appétit était peut-être lié à une difficulté psychologique qui l'empêchait d'aborder des expériences effrayantes pour elle, certes, mais qui lui auraient appris à moins se laisser faire.

Tant que les parents ne savent pas si leur enfant a trouvé un groupe d'amis relativement constructif favorisant le développement de qualités comme la curiosité, la créativité, le courage, ou s'il a rejoint un groupe qui encourage l'inverse, ils peuvent à juste titre s'inquiéter. Ces groupes ou ces bandes constitués durant ces premières années d'adolescence ont, il est vrai, un impact durable sur les comportements, les réalisations et les modes de vie ultérieurs. L'adhésion à un groupe ou à une bande est généralement le reflet des facettes de la personnalité des 12-14 ans et il est rare qu'on puisse simplifier la question en disant : « C'était une mauvaise rencontre ! » ou « Elle a eu de la chance avec son groupe d'amis ». Comprendre les enjeux sous-jacents de leurs choix permet d'encourager les aspects positifs de l'adhésion à un groupe et d'infléchir les aspects négatifs.

5 UNE QUESTION D'IDENTITÉ : DÉCOUVRIR QUI JE SUIS

La traversée de ces années d'adolescence oblige à éprouver des sentiments que l'on n'aime pas, que l'on trouve douloureux et que l'on préférerait ne pas ressentir. Tout être humain négocie à sa façon de tels sentiments. Ils se manifestent particulièrement durant les premières années de l'adolescence. On peut penser que les manifestations les plus stupéfiantes, les plus incompréhensibles, les plus destructives, dérangeantes ou conformistes, sont autant de tentatives pour s'accommoder des expériences pénibles et douloureuses en les contournant, en les déniant ou en s'en débarrassant.

Ce que l'on ressent

On sous-estime souvent la douleur liée au sentiment de malheur que l'on ressent lorsque l'on quitte les choses familières – la sécurité, les certitudes de l'enfance, ce qui est connu et identifiable. Sur le chemin d'un avenir incertain, chaque nouvelle étape peut être vécue à la fois comme une nouvelle aventure et comme une nouvelle épreuve. Il s'agit, au fond, de la difficulté de quitter ses parents et sa maison, mais cette difficulté n'est pas souvent reconnue comme telle. Le jeune peut rester dans l'illusion d'une enfance exagérément rose. Pour ceux qui ont eu des premières années difficiles, l'adolescence peut opportunément permettre de choisir et de quitter l'enfance sans grande hésitation. Il est vrai que l'adolescence est, pour certains, l'occasion de tenter, avec les conséquences qu'elles impliquent, de nouvelles expériences qui n'étaient pas accessibles auparavant pour toutes sortes de raisons – santé, deuil, séparation ou autres.

Au cœur de cette aventure douloureuse des 12-14 ans, il y a également la nécessité de chercher qui ils sont réellement, indépendamment de l'opinion que leurs parents ont ou souhaiteraient avoir d'eux. « Qui suis-je ? » devient la question essentielle : tenter toutes les expériences peut être à la fois une façon d'éviter de souffrir et une manière de se tester pour savoir qui l'on est. Le désir de tester et de mettre au défi l'autorité des adultes, de se défier soi-même également, culmine probablement à ce moment-là.

> Stéphane, 13 ans, demande un jour à sa mère : « Est-ce que tout le monde pense être la personne la plus importante du monde ? »

Cette question simple et touchante montre bien que Stéphane cherche à se comprendre, mais elle témoigne aussi de sa prise de conscience du fait qu'il n'est pas aussi extraordinaire qu'il le pensait. Tout le monde peut se croire unique et exceptionnel, ou peut l'être effectivement. Si l'on perd confiance dans cette croyance que l'on est unique, comment se distinguer des autres ? Ce qui est complexe, c'est de vouloir être différent tout en redoutant de l'être, ou bien de chercher à être différent dans une certaine mesure. Les étapes franchies courageusement s'accompagnent souvent de régressions teintées d'anxiété. Les parents peuvent être troublés par ce qui apparaît comme de l'inconsistance, mais y voir aussi le reflet de leurs propres sentiments, tiraillés entre le désir de pousser leur enfant à grandir vite et le désir de le retenir, trop conscients que « le jour où il partira » va arriver.

Se rebeller, s'adapter

Une fois de plus, nous voyons comment des sentiments très anciens peuvent être ravivés. Cela évoque le petit enfant qui tente une échappée, loin des regards des adultes, pour mieux revenir précipitamment vers eux l'instant d'après. Cette période ravive également chez la mère ce qu'elle éprouvait lorsque, voulant sevrer son bébé, elle regrettait la perte de l'intimité de l'allaitement. Chez le père, la présence du bébé, ressentie comme un facteur de discorde entre sa femme et lui, le pousse à rechercher l'équilibre qu'ils pouvaient avoir avant la naissance de l'enfant. Ces sentiments varient considérablement, bien sûr, en fonction de la place de l'enfant dans sa famille. Le cadet d'une fratrie sera confronté à une mère dont les sentiments ne sont pas les mêmes que ceux qu'elle a éprouvés avec les aînés. Il est important de garder à l'esprit ces premières expériences vécues dans la petite enfance, car la manière dont seront abordés les bouleversements de l'adolescence est souvent étroitement liée à leur impact et à la façon dont elles ont été comprises dans le passé. Par exemple, dans les moments de crise et d'angoisse, parents et enfants pouvaient-ils exprimer et dépasser leurs sentiments ? Quand par son attitude l'adolescent manifeste qu'il vit des tensions excessives par rapport au stress inhérent à l'adolescence, quand son comportement se radicalise, comme dans la délinquance ou l'extrême docilité, il reflète souvent des problèmes ou des traumatismes antérieurs qui n'ont pas été suffisamment reconnus ou compris.

Katia, 13 ans, avait toujours été perçue comme « une enfant modèle ». Juste avant une audition de piano, elle fut prise de panique. Elle avait l'impression d'étouffer et quitta la pièce sans raison apparente. Six mois auparavant, sa petite sœur avait été grièvement blessée dans un accident de voiture. Depuis, leur mère, choquée, était dépressive. Katia s'occupait de sa mère en essayant de la « materner » et de lui redonner courage en faisant de son mieux pour être une « bonne fille ». Cette apparente sagesse recouvrait, depuis longtemps, une terrible peur d'être méchante ou mauvaise. La panique avait sûrement un rapport avec cela. Cette peur venait aussi du sentiment d'avoir provoqué des choses horribles par son sentiment de rivalité et son désir d'être la fille unique de sa mère, ce qui la contraignait intérieurement à lutter (et forcément à échouer) pour compenser, par la gentillesse, ce sentiment d'être mauvaise.

Katia finit par pouvoir dire qu'elle avait l'impression d'incarner quelqu'un qu'elle n'était pas vraiment, masquant ses peines et sa culpabilité en s'adaptant à ce qu'elle pensait que l'on attendait d'elle, aux dépens de son identité propre. Ses préoccupations avaient été insuffisamment prises en considération. Sa mère, envahie par un sentiment de détresse, n'avait pu l'aider. Ayant eu la possibilité de nommer ses inquiétudes, Katia eut une seconde chance pour en finir avec cette souffrance, mais, cette fois, avec l'aide d'une psychologue qui avait le recul nécessaire et était en position de supporter ses émotions.

Katia, Sandra ou Anna avaient des raisons différentes de s'adapter parfaitement à ce que l'on attendait d'elles. Certains jeunes sont plus heureux ainsi – peut-être sont-ils trop craintifs pour prendre leurs distances, trop conscients du désarroi que cela créerait chez leurs parents ou trop bien là où ils sont. Chaque enfant se développe à un rythme qui lui est propre et le désir de vivre des expériences et de se mettre au défi ne se déclare chez certains qu'un peu plus tard. Pour d'autres, cela prendra des formes plus voilées, moins facilement identifiables.

Expérimenter et tester

À cet âge, le désir le plus largement partagé est celui de tout essayer : les personnes et les choses. Découvrir « ce qui n'est pas moi » est une étape importante pour découvrir « ce qui est moi ». Les parents ont souvent du mal à comprendre que les remises en question et la découverte de leurs faiblesses ne sont qu'un aspect du parcours de leur enfant. Ce qui ressemble à de la révolte, du rejet et parfois même de la pure cruauté peut être l'expression inquiète du besoin de trouver hors de la famille une certaine définition de soi. Les parents ont souvent beaucoup de mal à se retenir d'adopter une attitude critique un peu hautaine face à ces efforts d'affirmation et de donner leur avis sur le même ton que leurs enfants (lorsqu'ils sont eux-mêmes critiques et méprisants).

Pour trouver sa personnalité, le jeune de 12 à 14 ans oscille entre deux définitions de lui-même, par rapport à ce qui est dit de lui, d'une part, et en tant que fille ou fils de ses parents, d'autre part.

La question qui le taraude avec de plus en plus d'insistance est celle de la relation entre le fait d'être l'enfant de et le fait d'être un individu distinct. C'est pourquoi c'est souvent au début de l'adolescence que, chez les enfants adoptés, les questions sur les parents biologiques surgissent. Les adolescents dans leur famille de naissance luttent, quant à eux, pour supporter et intégrer (ou rejeter) les indices et les détails qu'ils perçoivent tous les jours.

Les enfants adoptés et leurs parents adoptifs rencontrent une difficulté particulière quand émerge la question « Qui suis-je ? » dans un contexte où il y a bien moins d'indices. Pouvoir interroger, accepter ou rejeter des indices donne au moins une position. Quand les indices manquent, l'enfant adopté doit se débrouiller, privé des informations considérées comme essentielles sur eux et avec l'idée d'une double filiation. D'où un risque de sentiment de confusion et d'isolement chez les tout jeunes adolescents. Cela peut provoquer en eux le besoin d'aller toujours plus loin afin de se tester et d'éprouver l'amour de leurs parents adoptifs dans une tentative de trouver un ancrage sécurisant et solide pour leur propre sentiment d'identité.

La musique

Les goûts musicaux sont responsables des premières dissonances d'une vie familiale harmonieuse. Pour la génération des parents, le rap ou la techno peuvent paraître bien moins dignes d'intérêt que les Rolling Stones ou les Beatles. « Il n'y a pas de mélodie ! Il n'y a pas de paroles ! », « Je vais devenir fou si j'entends une minute de plus cette musique de sauvage ». Mais le choix d'une musique populaire, qu'elle soit acid, rap, reggae, hip hop ou rock, est le reflet de la culture actuelle, contemporaine, plus que jamais composée de fusion ethnique, immédiate, réelle et, surtout, qui leur appartient à eux et pas à nous – une étape initiatique pour faire partie de la tribu.

Les vêtements

Les goûts vestimentaires suivent de près les choix musicaux et contribuent à énoncer la différence et l'appartenance. Ils vont également de pair avec l'identité de groupe et les comportements rituels. La nécessité d'affirmer sa différence par rapport aux parents et aux figures de l'autorité, ainsi que la recherche de nouveaux mentors, est une affaire risquée, mais nécessaire, dont l'instabilité s'exprime souvent par la tendance à porter les mêmes vêtements. Cela s'explique en partie par une volonté d'effacer les différences réelles, de faire apparaître les points communs, mais cela montre surtout le sérieux avec lequel le jeune s'engage dans la vie de groupe.

Le désir de se différencier des parents dans la manière de s'habiller prend une forme souvent incongrue. Dans une famille dite non conformiste, dans laquelle le père porte les cheveux longs et des jeans crasseux, le fils de 14 ans repasse ses chemises, cire ses chaussures, porte une cravate, se donne un genre BCBG. Effet garanti : fureur et incompréhension du père.

Les loisirs

Ce que les jeunes partagent le plus spontanément, c'est la tendance à vivre sur le fil. Le développement de la force physique et de l'énergie chez les garçons les pousse à tester jusqu'à la limite leur audace et leur capacité à faire des prouesses. Leurs activités sportives peuvent souvent les amener à éprouver les limites de leur endurance. À cet âge, ce qui importe, c'est souvent le processus lui-même et non pas l'objectif à atteindre. Les garçons pratiquent des activités comme le basket, le V.T.T., le surf ou le foot avec passion. Si ces activités rencontrent l'indifférence parentale ou s'opposent à une autorité excessive, elles peuvent être l'expression d'un besoin désespéré de fuir, de se dégager d'un ordre, de lancer un défi, d'appeler à l'aide ou de faire éclater une crise. C'est particulièrement clair lorsque des accidents surviennent régulièrement.

Il est vrai que le sport, particulièrement dans l'univers masculin (à un degré moindre dans l'univers féminin), offre la possibilité de partager des émotions fortes et des intérêts qui transcendent les différences de générations, de niveau social, d'origine ou de sexe.

Les garçons (et, de plus en plus, les filles) communiquent avec leurs parents grâce aux tableaux des ligues et aux matchs de la Coupe du monde, chose à peine envisageable dans tout autre domaine de leurs vies respectives.

Il existe également un état d'esprit dans lequel les prouesses athlétiques et les exploits audacieux correspondent moins à une recherche d'émotion et de danger ou encore au désir d'angoisser l'autre qu'à la volonté de découvrir la relation entre le désir et sa réalisation. Les parents doivent avoir suffisamment confiance pour laisser leurs enfants courir des risques, faire des erreurs, en supporter les conséquences, et ceci à l'intérieur d'un espace solide fait de limites négociées et définies.

Un autre genre de « loisir » extrascolaire peut se révéler bien plus problématique.

« Qu'est-ce que tu cherches ? » hurle désespérément la mère de Fleur (14 ans), lorsque celle-ci revient après plusieurs nuits passées avec des copains sans dire où elle était. « À faire ce que je veux, sans toi, répond-elle furieusement. – Eh bien, tu ne peux pas. Tu dois au moins nous téléphoner. »
La négociation finit par avoir lieu dans la douleur. Si Fleur souhaite dormir ailleurs, il faut qu'elle prévienne et informe ses parents. Si elle veut rentrer tard, ils viendront la chercher en voiture. Si elle veut rentrer à pied après 23 heures, c'est en compagnie de deux autres jeunes.

Tester les limites

Fleur et son amie Emma ont passé deux ans à flirter avec le danger. Rétrospectivement, elles parlent de la pression que représentait le fait de se chercher un statut à tout prix, d'avoir impérativement à être quelqu'un, que ce soit à travers la drogue, le sexe, l'apparence ou l'imprudence. Elles affirment qu'elles ont toujours cru que des anges gardiens les protégeraient. Elles évoquent également leur soulagement quand, à 15 ans, elles ont pu enfin reconnaître leurs vrais « anges gardiens », c'est-à-dire leurs parents, et amener leurs amis à la maison car, après tout, la communication entre les générations s'avérait possible.

Emma décrit l'horreur que c'était pour elle d'embrasser les garçons à 12 ans : « Je ne le voulais pas. Je n'aimais pas ça. Je trouvais ça atroce et excitant en même temps. J'étais censée vouloir le faire. Quand j'ai essayé la cigarette et la drogue, j'ai trouvé cela répugnant, mais être grande et adulte impliquait de le faire malgré mon dégoût et de faire semblant d'y prendre du plaisir. »

Fleur et Emma avaient toutes deux découvert non sans douleur ce que signifiait être soi-même, en faisant d'abord l'expérience de ne pas être soi-même. Toutes deux évoquent cette époque où des garçons séduisants, plus âgés qu'elles, les attiraient, car ils incarnaient le défi et une alternative à leurs parents. Elles recherchaient un statut, succombant à la flatterie et aux fausses promesses : « Je peux te faire rentrer dans les boîtes gratuitement », « Je peux te trouver un job quand tu veux »... C'est parce que les filles mûrissent plus tôt que les garçons qu'elles ont, à cet âge, des petits copains de deux ou trois ans plus âgés et qu'elles se retrouvent, par conséquent, entraînées dans des activités ou des expériences sexuelles précoces (bien plus tôt que les garçons de leur âge), expériences à la fois excitantes et terrifiantes.

Emma et Fleur décrivent leurs amies d'alors comme des vamps ou comme des « garçons manqués » prolongeant l'âge de l'innocence. Mais ces deux positions restent une façon de remettre à plus tard le dangereux moment de s'engager dans leur féminité, en s'identifiant à des aspects caricaturaux du masculin et du féminin. Elles pensent après coup que ces stratégies pouvaient être une manière de chercher une alternative au modèle de féminité le plus proche : celui de leur mère.

Ces stratégies reflètent bien la manière « banale » dont les jeunes filles évitent ou affrontent ce que la puberté leur impose. La plupart du temps, ces comportements ne durent pas et, comme pour Emma et Fleur, sont obsolètes lorsque l'adolescence est bien entamée. Mais, entre-temps, les parents ont le sentiment d'avoir été poussés à définir leurs limites et c'est justement ce qui est attendu d'eux.

La réaction des parents face au défi

Les parents s'inquiètent souvent à la place de leurs adolescents. Ils endossent leur inquiétude et doivent en plus trouver le moyen de supporter de ne pas être au courant de tout ce qu'ils font. Ils doivent également leur rappeler que la maison est leur refuge, et ce, malgré les petits abus de confiance. Ils doivent se préparer aux angoisses et aux soucis qu'ils pourraient ressentir s'ils savaient tout ce que leurs enfants font. Ils doivent voir, au-delà de l'apparence de « l'adolescent cool » ou de « la princesse qui prend des airs », un enfant effrayé, toujours menacé de se sentir incompris et toujours prêt à couper ses liens familiaux. Pour être capable de mener cette entreprise ardue, il est fondamental que les parents reconnaissent que les interdits formels engendrent souvent une secrète révolte ou une lâche soumission. À l'inverse, une tolérance excessive invite généralement le jeune à rechercher des limites, aussi dangereuses soient-elles. Les schémas anciens de l'autorité familiale constituent un bon repère.

Les variations du comportement d'un adolescent sont radicalement différentes selon qu'il rencontre une autorité fondée sur l'amour ou sur la crainte. Le désir de prendre conscience de ses qualités potentielles donne à l'individu bien plus de chances d'être un jour lui-même, lorsque ce désir est forgé par l'amour. Si le désir est façonné par la peur, il craint toujours d'échouer, de ne pas être à la hauteur, de décevoir les espérances des parents au lieu de tendre vers ses propres aspirations.

Un jeune bachelier issu d'un milieu simple mais très ambitieux, brillamment diplômé depuis peu, évoquait son laborieux parcours scolaire. « C'est la dernière chose que je fais pour mon père ! » Ce n'est qu'à partir de ce moment-là qu'il a pu commencer, tardivement, le douloureux travail qui consiste à découvrir sa personnalité cachée derrière l'image du garçon intelligent et du fils brillant.

6
QUAND LES DIFFICULTÉS SE PRÉSENTENT

Le chapitre précédent avait pour objet ce qui caractérise le comportement ordinaire des 12-14 ans. Sans être exhaustif, nous avons abordé les mises à l'épreuve, la question de la différence, la recherche des limites. Quels que soient les chemins que le jeune emprunte pour se découvrir, ils peuvent toujours mener à des comportements inquiétants qui dépassent ce qui est tolérable pour lui-même, les parents, l'école ou une communauté plus grande. Ces comportements ou ces états d'esprit peuvent se révéler antisociaux, délinquants, gravement autodestructeurs ou nuisibles et sont d'une certaine manière incontrôlables.

Comme nous l'avons vu, la nécessité d'aller à la découverte de soi est liée au fait de se détacher des parents, aux conflits, aux pertes et aux déceptions. Elle consiste enfin à trouver qui l'on est et ce que l'on veut. Bien que le goût des extrêmes soit propre à cet âge, des problèmes peuvent surgir lorsqu'une expérience banale est menée trop loin. La difficulté apparaît souvent lorsqu'il s'agit de définir les limites et de repérer le point de bascule entre l'extrême et le danger en matière de jeux vidéo, d'alimentation, de drogues, d'alcool, de sexualité, de travail ou autre.

C'est un domaine particulièrement délicat pour les parents, car ces questions réveillent des sentiments violents. Colère, honte, culpabilité et détresse empêchent parfois de voir que ces excès (qu'il s'agisse de violence retournée contre l'adolescent lui-même, ou de violence dirigée vers les parents ou le monde extérieur) peuvent être une forme de langage, même si le véritable sens du message s'est obscurci.

On peut éventuellement parvenir à contenir et comprendre le problème, à condition de saisir que ces comportements sont un élément de communication. La difficulté réside dans le fait que la nature même d'un comportement extrême tend à effacer la pensée et le sens, et attire l'attention sur l'action et la réaction. Le supplément de liberté, d'indépendance et de responsabilité que le jeune acquiert et conquiert peu à peu vers l'âge de 12 ans lui donne souvent l'impression d'être débordé par les problèmes et les décisions.

« Il m'arrive d'avoir vraiment le cafard, dit Matthieu. Une part de moi sait que je vais y arriver, mais c'est comme si, en même temps, je ne voulais pas. En un sens, j'aime ça. Je pense que j'ai vraiment envie que ma mère vienne s'occuper de moi. »

De tels sentiments peuvent être si intenses que la seule issue semble être de les mettre en acte. Ces « actes » sont souvent une réaction à une souffrance intérieure, elle-même liée à un stress extérieur parfaitement compréhensible. Leur cause ne paraît jamais couler de source. La plupart des 12-14 ans ne comprennent pas ce qu'ils ressentent et cela les fait souffrir d'autant plus qu'aucune raison apparente ne justifie cet état. Il arrive que le monde leur paraisse soudain sinistre. De façon tout aussi inattendue, un tout petit événement peut tout transformer.

À la suite d'un violent mouvement d'humeur, Carole, 13 ans, finit par admettre qu'elle avait le cafard. Elle ne savait pas pourquoi. Rien n'allait bien pour elle et elle s'ennuyait profondément. Peu de temps après, elle reçoit un magazine qu'elle avait commandé. Son visage s'éclaire et elle retrouve de l'enthousiasme. « Je pense que, peut-être, j'étais déçue que mon magazine n'arrive pas. »

Ce genre d'événement est autrement plus significatif lorsque c'est un copain qui n'arrive pas ou qu'il a pris des engagements avec d'autres amis sans tenir sa parole. Cela arrive aussi lorsque votre enfant n'est pas invité à une fête alors que tous ses copains y vont. L'aptitude à composer avec ce genre de contretemps et de déceptions dépend de plusieurs facteurs qui peuvent éventuellement se traduire par un comportement destructeur et préjudiciable. Chaque enfant traverse la puberté différemment. Pour certains, leurs sentiments de colère et d'agressivité, de passion et de désir s'intensifient soudain dramatiquement et ils trouvent très difficile de contrôler leurs pulsions. D'autres vivent la situation plus tranquillement et ils sont moins perturbés. La capacité de vivre ces nouveaux sentiments, quelle que soit leur intensité, dépend largement de la facilité avec laquelle on parle, on comprend les émotions et on supporte la manière dont elles s'expriment. Au sein de la famille, certains enfants comprennent que leurs parents peuvent réfléchir et réagir avec sagesse et justesse devant leurs difficultés à communiquer. Ils apprennent, grâce à ces échanges, que leurs sentiments peuvent être « contenus » quand ils n'y arrivent pas tout seuls. Ce sont des occasions de développer en eux cette capacité pour finir par se l'approprier. Ils seront capables de réfléchir avant d'agir, de contenir les débordements de leurs sentiments sans exploser verbalement ni être dominés par eux.

Cette capacité acquise dans le passé par les parents est durement mise à l'épreuve pour la première fois au moment de la préadolescence de leurs enfants. Les pulsions des enfants sont particulièrement intenses et il existe plusieurs façons de les supporter. On peut s'en débarrasser sur quelqu'un d'autre. On peut aussi amener les autres à les ressentir à sa place ou encore faire partager l'horreur de ressentir de tels sentiments. Si les parents demeurent capables de reconnaître, de tolérer et de traiter avec bienveillance ces explosions de rage, de passion, de désespoir, de dépendance, alternativement mûres et infantiles, ils donneront à leurs enfants de meilleurs atouts pour construire leurs propres limites. Les enfants se sentiront encore plus forts et plus soutenus s'ils ressentent chez leurs parents une confiance qui conforte leurs choix. Le respect de soi se construit sur la certitude que les parents croient inconditionnellement en leur enfant et lui donnent un appui solide.

Cette attitude parentale n'a rien à voir avec une extrême tolérance où rien n'a d'importance, ni avec une extrême intolérance qui empêcherait une différenciation subtile du bien et du mal. Avec de tels parents, les enfants rencontrent souvent des difficultés particulières à contrôler leur comportement et leurs pulsions, car ils n'ont pas intériorisé des règles raisonnables sur lesquelles s'appuyer. Ils peuvent devenir des êtres dépourvus de culpabilité et très durs eux-mêmes, luttant à la fois contre le besoin de se laisser aller à leurs sentiments et contre la haine qu'ils éprouvent à le faire. Ils peuvent aussi devenir extrêmement rancuniers et réagir en fonction de principes aussi irréfléchis que la loi du talion, « Œil pour œil, dent pour dent ».

Seul l'adulte capable de faire la différence entre besoin et voracité, entre ce qui est important et ce qui ne l'est pas, l'adulte capable de maintenir le point de vue qu'il pense juste en dépit d'un affrontement peut transmettre à l'enfant une aptitude de cet ordre – ce qui est très important à préserver chez l'adolescent, même si on a parfois l'impression que c'est peine perdue.

Les familles dans lesquelles les parents ont du mal à contrôler leurs propres pulsions ou celles qui se caractérisent par des excès ou des inconsistances de tout ordre voient leurs adolescents réagir avec un excès ou un manque de contrôle de soi. De même, les foyers où règne une autorité excessivement rigide, où l'on a tendance à voir les choses toujours sous le même angle, peuvent, sans s'en rendre compte, encourager leurs enfants à aller à l'extrême et croire que c'est ainsi que l'on se forge des limites.

C'est entre 12 et 14 ans, lorsque les transformations corporelles sont les plus remarquables et que les émotions et les relations se renouvellent, que la capacité de contrôle de soi est la plus radicalement mise à l'épreuve. Par conséquent, c'est le moment où l'entourage – famille, école – est mis en demeure de relever un défi particulièrement difficile. Il n'est donc pas surprenant qu'à l'âge de 14 ans, les passages à l'acte soient les plus fréquents et les plus démonstratifs.

Voler

Élise, 14 ans, recommençait à voler. On s'en aperçut lorsque son professeur questionna sa mère sur les vêtements coûteux et les bijoux qu'elle portait à l'école. Son professeur se montra préoccupé sans être coercitif, car, s'étant avisé qu'Élise était malheureuse depuis quelque temps, il lui avait proposé de parler à un psychologue. Cette attitude encouragea Élise à exprimer et à partager ses sentiments. Le dernier vol était une somme d'argent appartenant à sa grand-mère (avec laquelle elle avait acheté des habits), une somme plus importante que les petites choses précédemment volées à sa mère. Mais lorsque Élise dit qu'elle avait été punie pour un vol qu'elle n'avait pas commis, le professeur comprit qu'Élise avait probablement voulu se faire prendre et que c'était pour cela qu'elle avait porté ostensiblement les fruits de son larcin à l'école.
Lorsque le professeur fit part de son opinion à Élise à propos de ces vols, celle-ci acquiesça et se mit à raconter dans un flot de larmes ce qui se passait à la maison depuis deux ans. Tout avait commencé lorsque l'ami de sa mère avait emménagé chez elles sans qu'elle y soit préparée. Son père était mort depuis quatre ans et elle avait maintenant l'impression qu'elle perdait ses deux parents et qu'elle n'était plus la personne la plus importante. Sa mauvaise humeur à la maison et ses tentatives de séduction du compagnon de sa mère avaient amené cette dernière à la menacer de ne plus vivre avec eux. Elle reconnut qu'elle poussait sa mère à bout et qu'elle essayait de distendre sa relation avec son compagnon, mais elle convint également qu'elle le faisait malgré elle. Élise avait été déprimée lorsque sa mère, pour surmonter son deuil, s'était tournée vers un homme plutôt que vers sa fille. Il n'y avait plus personne pour la comprendre et prendre en charge ses besoins. Elle lui en voulait et se sentait abandonnée, elle avait pensé au suicide comme à un moyen de se venger, « Elle le regrettera », mais pour « je ne sais quelle raison, dit-elle, j'ai fini par voler ». Le professeur proposa que la mère et son ami viennent au collège afin de parler tous ensemble de cette

situation. La mère d'Élise fut très touchée d'apprendre que sa fille avait été si malheureuse. Elle avait attribué son comportement désagréable à de la jalousie et avait seulement espéré qu'elle la surmonterait. Élise semblait ne pas trop souffrir de la mort de son père. Son attitude avait laissé penser qu'elle s'en était remise, tant elle paraissait solide. Cependant, la mère d'Élise reconnut avoir été tellement submergée par le drame qu'elle ne pouvait percevoir que peu de chose.

Il fut enfin possible de parler de la jalousie d'Élise qui était certainement très intense, mais aussi de ses sentiments plus profonds concernant la douleur et la perte. Pour atténuer et dépasser ce qu'elle ressentait, elle avait commencé par prendre soin de sa mère, ne voyant que ce moyen pour être, elle aussi, choyée – elle faisait à sa mère ce dont elle avait besoin elle-même. Mais quand le compagnon occupa cette place, Élise sentit qu'elle n'avait rien à offrir. Elle put parler de rivalité, de colère et même de haine à l'égard de sa mère, cet être qu'elle aimait si profondément. Elle s'était sentie coupable et désorientée. De plus, la rencontre de sa mère avec son nouvel ami coïncidait avec le moment où elle devenait une jeune femme et entrait dans l'âge de la maturité sexuelle. Élise expliqua qu'elle s'était alors sentie rabaissée. Elle s'était demandé avec inquiétude si on la trouverait séduisante ou si elle aurait, elle aussi, un petit ami. Ainsi, on peut interpréter le vol comme un moyen de récupérer chez sa mère et sa grand-mère ce qu'elle croyait avoir perdu et qu'elle considérait comme lui appartenant légitimement.

On peut aussi comprendre le vol comme un acte pour s'approprier des choses rassurantes dans le domaine qui l'inquiétait : des objets féminins à travers lesquels elle cherchait à valoriser son « image » et à séduire les garçons. Pour Élise, le vol avait une troisième fonction. Elle attendait de la punition qu'elle soulage son sentiment de culpabilité, non pas la culpabilité liée au vol, mais celle suscitée par ses pulsions agressives à l'égard de sa mère et de ses relations.

Le vol devenait alors un signal de détresse qui ne pouvait que s'amplifier à partir du moment où les premières salves passaient inaperçues. Heureusement, cette fois, le professeur fut suffisamment attentif pour « interpréter » ce vol pour ce qu'il était. Ayant été capable d'exprimer sa colère et sa culpabilité, Élise ne se sentait plus obligée d'agir de façon à provoquer une sanction, forcément inadéquate par rapport au sens de son délit. Comprendre le vol peut servir de repère parmi une série d'actes antisociaux auxquels les parents de jeunes de 12 à 14 ans sont souvent confrontés. Les comportements « désagréables » ou de défi induisent la plupart du temps des réactions répressives. Et l'entourage considère souvent que la meilleure réponse est une discipline plus sévère, mais, généralement, ces comportements ont pour origine un conflit ou une détresse. Comprendre ce que peut signifier le comportement qui fait problème et être capable d'y répondre avec justesse est d'autant plus difficile que vous êtes impliqué et que vos sentiments sont exacerbés. C'est souvent le point de vue d'une troisième personne pondérée, comme l'a été le professeur, qui sera précieux pour faire avancer les choses au mieux.

Alcool, drogue et autres problèmes

L'alcool et l'expérience de substances toxiques – solvants, cannabis ou drogues dures – sont des problèmes complexes qui impliquent la question de la légalité. De nombreux parents s'y trouvent confrontés malgré eux à plusieurs niveaux : parce qu'ils ont peur pour leurs enfants, parce qu'ils ont à affronter leur propre réaction face à la drogue et enfin parce qu'ils auront à faire des choix. Comme nous l'avons vu pour le vol, la consommation de drogue peut avoir plusieurs sens. Comprendre ce que cela peut signifier pour tel enfant en particulier est plus utile qu'une réponse globale fondée sur la crainte, l'interdit ou encore la méconnaissance du problème.

Les bouleversements de l'adolescence peuvent être vécus par le jeune comme des assauts trop forts. Ainsi, la prise d'alcool ou de toxiques est un des moyens d'y échapper – solutions rapides à de douloureux problèmes. Étant donné qu'actuellement il est aisé de se procurer de la drogue, il est effectivement très difficile de résister à la tentation de fuir ce qui est déplaisant et imparfait dans la vie. **Préférer se réfugier dans un état de conscience altérée rend le monde plus supportable.** Le désir de prendre des drogues naît souvent de la volonté d'éviter la douleur et le conflit. Il peut être également lié au fait que le jeune aspire à faire de nouvelles expériences dont il croit qu'elles lui permettront de découvrir des choses fondamentales sur lui-même. Peut-être ne s'agit-il que de la quête d'un statut ou de la volonté de se conformer à un groupe qui fait ses premières expériences. Comme dans de nombreux comportements délictueux, on retrouve une même source d'exaltation. Celle-ci donne un sentiment de puissance, grâce à un raccourci évitant le douloureux chemin plus lent et plus ordinaire qui mène à l'acquisition du sentiment de sa force et de sa propre capacité à avoir prise sur les événements. La transgression des conventions sociales offre au jeune un statut parmi ses pairs et la consommation de drogue en particulier lui donne un moyen de paraître « cool » et adulte.

La meilleure réaction que des parents puissent avoir consiste tout d'abord et très simplement à prendre connaissance des faits, puis à se renseigner sur les dangers et les effets de chaque drogue, afin d'être capables de faire la différence entre des situations légitimement alarmantes et décelables par des signes précis, et celles qui autorisent une attitude plus permissive.

Sarah, 14 ans, qui fumait depuis un an le cannabis fourni par sa sœur raconte qu'un jour elle avait regardé une émission de télévision avec ses parents ayant pour thème les jeunes et la drogue. Sa mère était intervenue en disant : « Quels drôles de parents ! Si tu te droguais, nous, nous le saurions ! » Il ne leur était jamais venu à l'esprit que leurs filles puissent connaître quoi que ce soit aux drogues. Peut-être ne s'étaient-ils jamais autorisés à en percevoir les signes. Toujours est-il que, dans un premier temps, leur ignorance fut pour leur fille un soulagement teinté de triomphe. Mais, à long terme, alors qu'elles étaient passées à la consommation de drogues plus dures et que cela finit par se savoir, Sarah et sa sœur ne trouvèrent ni compréhension ni soutien dans leur famille, que ce soit pour leur toxicomanie ou leurs difficultés plus profondes. Ce n'est qu'après une réaction de colère et de violents reproches qu'ils purent ensemble aborder, non sans douleur, la réalité de leurs relations familiales.

Par ailleurs, faire l'expérience de l'alcool ou de la drogue peut correspondre à une recherche personnelle plus constructive, ainsi qu'à une remise en question des conventions sociales et familiales. « Comment peux-tu dire que c'est terrible de fumer un joint quand tu t'empoisonnes tous les jours avec des clopes et de l'alcool ? » Cette attitude peut être celle de jeunes qui ne sont pas dans l'autodestruction ou dans la fuite, mais, plutôt, qui traversent une période de défi à l'égard des règles établies, période qui conduira à leur acceptation. Ils recherchent, en d'autres termes, à parvenir à des conclusions fondées sur leurs propres expériences et non sur celles que leurs parents leur proposent. En fait, de nombreux affrontements provoqués par les 12-14 ans sont des combats qu'ils mènent contre eux-mêmes au cours desquels, en réalité, ils veulent que la part la plus saine et la plus raisonnable d'eux-mêmes soit soutenue et comprise, malgré la part de révolte. En tant que tels, ces affrontements reflètent un conflit qui oppose un désir de discipline et la contestation de ce désir.

Le monde de la drogue est un monde terrifiant pour tout parent d'adolescents. Le mot « joint » peut faire surgir instantanément la peur de la dépendance, voire du sida. De nombreux parents auront appris à leurs dépens que prohiber conduit à « inciter » et que, dans ce domaine comme dans bien d'autres, les enfants ne peuvent être encadrés d'une façon simpliste. Au-delà des explications nécessaires sur les risques et les dangers, les parents doivent s'interroger sur leur propre conduite. Ils doivent être conscients de ce que signifie pour leurs enfants leur propre rapport avec « leurs drogues » – tabac, alcool, somnifères, tranquillisants. Ils ont en outre à réfléchir au sens qu'a la drogue pour leur enfant, en particulier en tenant compte des différents éléments de réflexion abordés précédemment.

Madame G. téléphone, paniquée, à une amie. Son mari est rentré à l'improviste et a trouvé leur fils aîné de 14 ans, Julien, en train de fumer un joint avec deux copains. Que doit-elle faire ? « Je sais qu'il est un peu risque-tout, nous avons dû être un peu stricts avec les cigarettes quand il avait 12 ans, mais je pensais qu'il avait arrêté de fumer et, de toutes les façons, ce n'est pas la même chose. » Elle dit à son amie qu'elle lui a interdit formellement d'y retoucher mais elle n'est pas certaine qu'il va s'y tenir. Deux mois plus tard, une autre mère l'appelle pour se plaindre de Julien qui aurait fourni de la drogue à des élèves. Elle se demande d'où vient l'argent. Il s'avère que Julien recevait 70 F par jour d'argent de poche, sans qu'on lui demande de rendre compte de ses dépenses. Consternés à l'idée que leur fils puisse se droguer, ils lui donnaient les moyens de le faire, sans songer un instant qu'une tentation puisse naître dans l'esprit d'un enfant comme lui.

La culture « hasch » est plutôt pratiquée en secret, comme de nombreuses activités et expériences auxquelles les adolescents se livrent. Souvent « clandestine » et à l'insu des parents, elle est une source de tentation et d'excitation. À cet âge, l'engagement des jeunes dans la consommation de drogue varie énormément. Certains en prennent l'habitude, d'autres fument occasionnellement et d'autres encore passeront au travers et n'en feront pas l'expérience.

Mais les jeunes comme Anne qui font part à leurs parents de leurs désirs et de leurs peurs sont rares.

Anne avait sympathisé avec un groupe de jeunes de 14 ans qui prenaient régulièrement de l'acide. Elle aurait bien essayé, mais elle était inquiète parce qu'une de ses amies avait vécu un mauvais « trip ». Elle fit la démarche rare de demander à ses parents ce qu'ils en pensaient.

Les parents d'Anne avaient été plutôt permissifs avec leur fils aîné qui fumait de l'herbe de temps en temps. Ils avaient une idée générale et assez vague de la nature et des effets de l'acide et du LSD. La question de leur fille les poussa à s'informer par prudence. Ce qu'ils apprirent les inquiéta considérablement. Ils transmirent à Anne les informations concernant les dangers spécifiques à l'acide et ses éventuelles séquelles. À l'issue de cet échange, Anne décida de résister en dépit de la pression du groupe. Elle fut soulagée de rencontrer le soutien de ses parents dont l'opinion était fondée sur l'information et la réflexion.

Les troubles du comportement alimentaire

On peut considérer que prendre de la drogue est une façon de se maltraiter. Bien que cela touche indifféremment garçons et filles, on observe pourtant que les garçons ont plus de mal à se restreindre. Les troubles du comportement alimentaire concernent surtout les filles.

Se préoccuper de sa santé et ressentir un malaise fait partie de l'adolescence. C'est à cet âge que l'on rencontre de nombreux garçons et filles qui deviennent végétariens pour des raisons politiques, économiques ou éthiques. Ces raisons s'étayent souvent sur des peurs en rapport avec la contamination, la cruauté et la culpabilité, peurs qui résonnent précisément avec leurs préoccupations inconscientes, même si leur discours conscient est rationnel.

Contrairement à des choix argumentés et critiques, comme celui d'être végétarien par exemple, certains problèmes fréquents qui concernent le rapport à la nourriture prennent une tournure plus inquiétante. La plupart des 12-14 ans ne sont pas satisfaits de leur apparence – les garçons pas moins que les filles. La puberté chez les garçons augmente leur taille, leur carrure, leur force et leur énergie, ce qui renforce le sens de leur virilité. Pour les filles, le tableau est très différent. La puberté des filles arrondit et remplit les contours de leur corps, enveloppe leurs hanches, développe leur poitrine et leur fait prendre du poids. Leur forte poussée de croissance survient plus tôt que chez les garçons. Pour de nombreuses filles, cela signifie « prendre » en largeur et non pas en hauteur. Ce qui provoque en elles un sentiment de peur et d'horreur pour leur corps, l'angoisse d'être grosse et la volonté de se mettre au régime.

La disparition des formes de la petite fille et le refus de l'apparition des formes de la jeune fille marquent également le passage de l'enfance à la féminité. Avec la fin de la possibilité de choisir de s'identifier à un garçon ou à un garçon manqué, ce qui, pour beaucoup, est souvent préférable au monde des filles et des mères. Ce qui rend les choses encore plus difficiles, c'est la valorisation de la minceur chez les femmes. Elles sont nombreuses à s'inquiéter de la qualité et de la quantité de ce qu'elles mangent d'une façon qui peut devenir problématique par la suite. Beaucoup s'affament ou se gavent. Cela peut être une réaction ou une compensation à leur malaise. Cela peut être aussi un moyen de défense face à la perte ou à l'absence de choses dont elles ressentent encore le besoin et qu'elles ne peuvent plus avoir. Pour parler simplement, s'affamer (comme dans l'anorexie) peut être vécu comme un moyen d'exercer un contrôle sur une vie dont on craint qu'elle ne devienne incontrôlable ou qui a été vécue jusqu'alors comme sous la domination d'autres personnes et particulièrement de la mère.

Le gavage (compulsion à manger sans limites qui, accompagnée de vomissements et de prises de laxatifs, s'appelle la boulimie) peut en revanche exprimer le sentiment de la perte de contrôle et une tentative désespérée de réguler cette perte et de l'arrêter avant la catastrophe.

La privation, tout comme l'excès de nourriture, met en jeu une haine de soi considérable dont on voit les prémices souvent de façon évidente entre 12 et 14 ans. Refuser de se nourrir, ingérer trop de nourriture, avoir des manies alimentaires et entamer de curieux régimes provoque toujours des réactions intenses chez les parents, en particulier chez la mère qui se sent rejetée ou dans l'incapacité d'apporter suffisamment de bonnes choses à sa fille.

Elle peut trouver très difficile de contenir son agacement sur ce qui lui paraît être des manies irrationnelles, et avoir du mal à laisser une liberté totale à sa fille dans ce domaine. En effet, la mère aura souvent l'occasion de se rendre compte que la nourriture est rarement un sujet neutre, car elle est en relation avec son propre corps et la maturation de sa fille. Sans un effort considérable de compréhension de la situation, cela peut devenir le terrain d'affrontements déchirants où s'expriment d'autres conflits, et où « Je me hais » est traduit par la jeune fille par « Je te hais ».

La multiplication des relations sexuelles

Longtemps considérés comme des problèmes concernant des adolescents plus âgés, la drogue et les troubles du comportement alimentaire deviennent, ainsi que la multiplication des relations sexuelles, des problèmes qui apparaissent dès cet âge. C'est clairement une manière autodestructrice et risquée d'exprimer de nombreux sentiments, qu'il s'agisse de la peur de la séparation, de la solitude, de la haine de soi, du désespoir, du besoin d'amour, du désir de frôler le danger ou « d'être adulte ». Aujourd'hui, elle implique la crainte particulière des dangers liés au sida. Comme nous l'avons vu, l'expérimentation sexuelle fait parfois partie de la recherche des jeunes et de leurs efforts pour découvrir qui ils sont, ce qu'ils veulent et ce qu'ils ressentent. Quand cela prend la forme de relations avec de multiples partenaires, sans qu'il y ait apparemment investissement de sentiments ou d'engagement dans la durée, il y a probablement, que l'enfant en soit conscient ou non, un appel à l'aide. Quand cette situation se présente, il est indispensable de comprendre ce que cache ce comportement et d'être attentif à l'écho que créent les questions sexuelles chez les parents.

Tout ce qui préoccupe les jeunes de cet âge peut, bien sûr, être excessif. Les excès ont souvent la même origine : une détresse liée à des sentiments qu'ils ne comprennent pas et dont ils pensent que personne ne peut les comprendre, la tentation d'éviter de tels sentiments et la conviction que ceux qui, dans le passé, auraient pu les aider ne sont plus capables de le faire. Pour les parents, et davantage pour les parents isolés, il est difficile d'accepter de ne plus être la personne à laquelle on se confie. Ce qui fera la différence, au-delà de toute considération, c'est la reconnaissance des processus en jeu à cet âge, c'est la capacité de les laisser être eux-mêmes, parfois très différents de vous, et différents de l'image qu'ils pensaient que leurs parents avaient d'eux.

Ce sont des domaines délicats qui demandent aux parents de se souvenir de leur propre état d'esprit au même âge. La capacité d'un parent à être dans une forme de dialogue avec sa propre histoire de jeune adolescent peut l'aider considérablement à comprendre son enfant et la nature de ses propres réactions.

Il arrive souvent, de façon imprévisible, que les parents rencontrent des pans enfouis d'expériences très anciennes qui influent sur leurs attitudes et leur comportement avec leurs enfants. Ils peuvent se rendre compte qu'ils sont en train de répéter une forme de relation identique à celle que leurs parents ont eue avec eux, et le fait de se remémorer ce qu'ils avaient ressenti peut tout simplement éviter cette répétition. Ils peuvent alors encourager leur enfant à trouver sa propre voie vers l'indépendance, à s'exprimer personnellement tout en posant des limites faites de tendresse et de sécurité.

À l'inverse, certains parents se trouveront trop en phase avec les réactions de leur enfant et manqueront de la distance nécessaire qui, bien qu'elle soit « irritante », peut offrir à l'adolescent des frontières fermes et rassurantes.

On voit aisément comment des problèmes qui se posent à l'adolescence peuvent avoir leurs racines durant cette période de 12 à 14 ans. On peut voir également combien il est important de comprendre ce qui se passe au fur et à mesure, avant que les manies ne deviennent des troubles ; avant que le sentiment de vide ne devienne un sentiment d'absurde et de désespoir et que la tentation du suicide ne menace ; avant que la confusion et les difficultés ne se transforment en évitement et indifférence ; avant que l'horreur de soi ne devienne de la maltraitance ou de l'automutilation. La drogue, le sexe et d'autres formes d'autodestruction sont les moyens que trouvent certains adolescents malheureux pour se faire du mal et inquiéter les autres.

7 VIVRE EN FAMILLE

Se détacher des êtres qui ont été le centre du monde pendant si longtemps est une entreprise douloureuse pour l'enfant. La cruauté ou la désinvolture que l'on observe souvent au cours de cette période peut cacher une profonde détresse. La personne qui, jusque-là, détenait la plupart des réponses n'est plus désormais celle sur laquelle on compte pour trouver des solutions ou avoir une opinion sur ce qui inquiète ou perturbe, alors que c'est le moment même où la confusion n'a jamais été aussi insistante et effrayante. On ne peut plus compter sur eux, non seulement parce que réellement ils ne sont plus capables de tout résoudre comme ils le faisaient, mais parce que essayer de le faire revient à maintenir une intimité qui est ressentie maintenant comme une menace et une intrusion. Un jeune de 14 ans, triste et désillusionné, traduit sa déception ainsi : « J'ai réalisé qu'ils ne pouvaient pas me guider dans la vie. Il fallait que je me débrouille tout seul. »

Le problème des 12-14 ans, c'est qu'ils ressentent en même temps le besoin de prendre de la distance vis-à-vis des parents (et surtout de leur mère) et le besoin d'être proche d'eux. Les solutions qu'ils trouvent pour composer avec cette contradiction ne sont pas très solides ni durables. Non seulement il leur est difficile de résoudre leurs conflits intérieurs, mais ils subissent également l'influence de la pression sociale extérieure, qui les pousse à adopter des comportements pour lesquels ils ne se sentent pas forcément prêts. Ces tiraillements sont souvent évidents pour les parents lorsqu'ils les repèrent dans l'expression du désir caractéristique du jeune adolescent d'être autorisé à rester un peu enfant – avoir sa chambre rangée et son petit déjeuner tout prêt – tout en jouissant des privilèges des adultes – veiller tard, avoir des responsabilités...

La mère de Jérémie, 14 ans, s'interrogeait sur les plaintes répétées de son fils qui la trouvait trop absente. Elle lui demanda pourquoi c'était si important pour lui qu'elle soit là alors qu'il était lui-même toujours dehors avec ses amis. « Ce n'est pas pareil, dit-il. Je veux seulement que tu sois à la maison, que j'y sois ou pas. »

Ce qui est difficile à comprendre, c'est précisément cela : c'est l'idée de « la mère à la maison prenant soin de son fils » qui lui permet, à lui, d'explorer ailleurs, avec ses copains, d'autres aspects de sa personnalité plus librement. **Sentir la présence de la mère donne une sécurité affective qui est une condition pour élargir son champ d'expériences.**

Pour la première fois, vos enfants vont vivre toutes sortes de choses que vous ignorerez, et il est nécessaire qu'il en soit ainsi. Quand vous commencez à rencontrer chez eux une réserve et un mystère que vous ne leur connaissiez pas, c'est qu'ils entrent manifestement dans un monde qui leur est propre. Cette découverte est douloureuse pour les parents. Ils porteront de plus en plus leurs espoirs, leurs appréhensions, leurs angoisses et leurs conflits et mèneront ces combats seuls ou avec des amis. La meilleure chose que vous puissiez faire est de leur faire savoir clairement que vous êtes disponible quand ils le veulent s'ils souhaitent se confier. Vous pouvez être simultanément voulu et attendu dans votre ancien rôle – celui qui est là quoi qu'il arrive – et vécu comme celui qui est intrusif, gênant, lourd, inutile et qu'il faut quitter à tout prix. Certains jours même, vous serez ballotté d'une place à l'autre. Vous aurez à vous souvenir constamment que le travail essentiel à cet âge consiste à se séparer de vous et il est impossible de dire à l'avance par quels moyens et comment cela se fera.

Les parents peuvent se surprendre à penser que, puisque leur enfant n'a plus besoin d'eux, il n'y a pas de raison de faire l'effort de rester à la maison le soir ou d'être là après le collège.

La réponse de l'enfant peut être comme celle de Jérémie : « Je veux que tu sois là au cas où j'aie besoin de toi. » L'idée est tout simplement de maintenir un ancrage, une base stable à partir de laquelle l'enfant peut explorer le monde. Le plus difficile est de favoriser une perception équilibrée entre l'intrusion et l'indifférence. Mais, probablement, de leur point de vue, l'important est de vous faire sentir que vous avez tort quoi que vous fassiez. La séparation et la souffrance qui en résultent font partie de leur combat. Ainsi, ils font sentir par moments à ceux dont ils se séparent qu'ils ne sont bons à rien. Les parents éprouvent souvent le sentiment d'être inutiles et impuissants. Susciter ces sentiments est une chose que les 12-14 ans savent très bien faire. Plus tard, parents et adolescents retrouvent une relation fondée sur des bases différentes mais, en attendant, pour les parents, être délibérément dévalorisés par leur enfant est une expérience douloureuse.

La séparation du point de vue des parents

Être ignorés, jugés sévèrement, attendus au tournant et, d'autre part, avoir à faire face à leur propre impuissance alors qu'ils préféreraient ne pas la voir ou ne pas y penser est une injustice qui oblige les parents blessés à beaucoup réfléchir. Les schémas qui s'étaient construits au sein du groupe familial, tant sur le plan de la discipline que sur la manière de réagir, peuvent alors être modifiés et remis en question. On peut réaliser tout simplement que les anciens schémas auxquels on reste attaché ne fonctionnent plus. Ils peuvent en effet se révéler obsolètes, inadéquats ou injustifiés.

Ce qui importe, c'est d'être capable de changer et d'être conscient de l'adolescent que nous avons été et qui est toujours en nous, à peine voilé par ce que nous avons pris pour notre moi adulte et mûr. Il est fréquent que l'enfant provoque des disputes pour découvrir ce que nous sommes vraiment. Personne n'aime ce qu'il découvre sur lui-même. Les querelles peuvent révéler qu'il nous arrive d'être hypocrites et d'appliquer deux poids, deux mesures. Nous pouvons être amenés à reconnaître que nous éprouvons de l'envie pour leur jeunesse, leur beauté, les chances qu'ils ont. Nous pouvons être amenés également à prendre conscience de notre propre incapacité à les lâcher, à nous séparer d'eux et à leur laisser leur liberté. Pour beaucoup de parents, il s'agit de reconnaître que cet enfant n'est plus « leur » enfant dans le sens où il l'était jusqu'à la puberté. Jusqu'à présent, c'est vous qui avez établi les règles, choisi les vêtements, organisé les loisirs ; c'était également vous la personne de référence pour les décisions, l'amour, les conseils, le réconfort. Brutalement, vers 13 ans, il ne vous appartient plus et cela est extrêmement fragilisant pour de nombreux parents. Vous pouvez aussi vous sentir menacé par la crainte d'être dépassé, abandonné et qu'il n'ait plus besoin de vous. Il arrive que des parents de jeunes adolescents aient à lutter contre des choses plus dérangeantes et plutôt inattendues, comme des idées, des fantasmes, voire la manifestation d'un désir sexuel ou d'ordre sexuel à l'égard de leur enfant devenant un être physiquement adulte.

De tels sentiments sont rarement éprouvés de façon consciente ou explicite. Mais ils peuvent souvent se traduire par l'intensité des réactions des parents et la rigueur des interdictions qu'ils posent, ce qui est une manière de cacher – mal – que ces réactions sont chargées émotionnellement d'une possessivité primaire dont la nature leur échappe quasiment. En d'autres termes, il nous arrive de ne pas être clairs et de nous montrer inconséquents et incohérents, rendant la tâche de l'adolescent plus ardue, à moins que les situations puissent être remises à plat dans leur ensemble et appréciées à leur juste valeur. Un ami réfléchi avec lequel il est possible de partager les tensions et les malentendus peut apporter un grand soutien, être rassurant et aider à surmonter les crises parentales les plus « adolescentes ».

Séparation et divorce

Dans les familles recomposées où un ou les deux adultes ont des enfants d'une première union et recréent une nouvelle famille, l'expression des sentiments peut prendre des proportions extrêmes, surtout lorsque les adultes s'accusent entre eux. Naturellement, les 12-14 ans voient les choses de façon exagérée et ont tendance à porter un regard déformé sur le nouveau compagnon, généralement parce qu'il n'est pas le *vrai* parent mais, parfois aussi, parce qu'il est vécu comme étant meilleur que le parent de naissance.

Tous les sentiments hostiles qu'ils craignent d'exprimer envers leurs parents peuvent être détournés sur le parent de remplacement. Et, par conséquent, un parent devient exagérément bon, valorisé de qualités probablement supérieures à ce qu'elles sont en réalité, alors que l'autre devient l'objet d'une dévaluation excessive et de critiques systématiques.

La répartition se fait comme dans les contes de fées entre sorcières et bonne fée : la méchante marâtre et le gentil papa. Ce partage entre gentil et méchant existe dans toutes les familles dans lesquelles les enfants ont cet âge, mais cela devient plus net et surtout plus douloureux quand il y a une séparation ou que celle-ci menace. C'est particulièrement difficile pour les parents et leurs partenaires, tant il y a de points sensibles susceptibles d'être touchés. Mais il est très important de prendre sérieusement en considération ces deux aspects : la blessure et bien souvent les sentiments cruels du jeune. Il est très important également d'essayer de les atténuer quand cela est possible au lieu de les exacerber, d'ignorer le chagrin ou de jeter de l'huile sur le feu.

Léo a 14 ans. Sa mère, bien que séparée depuis cinq ans, a ressenti de la colère quand son ex-mari s'est installé avec sa nouvelle compagne, Corine. Elle ne pouvait s'empêcher de la critiquer à tout bout de champ. Léo éprouvait des sentiments mêlés, confus. Il était soulagé que son père ne soit plus tout seul. Il ne se sentait plus responsable, obligé de passer du temps avec lui et de lui remonter le moral. Mais, avec le temps, il commença à en ressentir de la colère. Sa mère était contrariée car son père était accaparé par sa nouvelle relation et, pire, il évoquait le projet d'un bébé. Léo dit progressivement à sa mère qu'il commençait à ne plus trop apprécier Corine, puis qu'il ne la supportait plus et enfin qu'il la détestait franchement.

Les sentiments de la mère de Léo se compliquèrent lorsque celui-ci annonça violemment un soir qu'il refuserait toute nourriture préparée par Corine. Une part d'elle-même se réjouissait que Léo refuse sa cuisine, mais elle réalisait parfaitement le danger de le soutenir dans une attitude aussi excessive. Corine était en fait une charmante jeune femme et elle faisait de toute évidence son possible pour être gentille. Léo voulait-il faire plaisir à sa mère ? Était-il jaloux ? Avait-il l'impression que son père l'avait remplacé par Corine ? Avait-il un besoin impérieux de rejeter son père en rejetant sa compagne ? Ou n'exprimait-il pas envers Corine une colère qu'il ne pouvait reconnaître à l'égard de sa mère ? Ce ne sont que quelques questions parmi d'autres qui peuvent être les enjeux d'une telle relation.
La mère de Léo prit la décision – en dépit de ses propres sentiments – d'encourager Léo à voir son père, sans la présence systématique de Corine. Elle pensait que la chose la plus importante était de préserver cette relation qui était primordiale pour Léo, surtout à un moment où il réagissait assez violemment à beaucoup de choses. Il fallait essayer plutôt de les soutenir, lui et son père, et de voir comment la situation pourrait évoluer à partir de là. L'une des difficultés de Léo était de voir son père heureux avec une jeune femme autre que sa mère, ce qui réveillait le chagrin de la séparation cinq années auparavant.

À cet âge, il n'est pas rare que les sentiments liés à la perte soient réactivés ainsi et souvent de façon très douloureuse.

Tel fut le cas pour Mélanie. Quelques mois après ses 14 ans commença une période où, à la moindre provocation, elle éclatait en sanglots et était inconsolable. Ses amis s'inquiétèrent et en firent part à son professeur principal. Elle avait été jusqu'à présent une jeune fille apparemment appréciée et gaie, et une élève modèle dont on attendait une réussite brillante aux examens. A priori on pensa qu'elle en voulait à sa meilleure amie de quitter le collège et qu'elle se faisait du souci pour les examens de l'année à venir. Elle avait déjà exprimé de l'inquiétude et se demandait si elle serait à la hauteur des attentes de ses parents sur le plan scolaire.

Au cours d'une conversation avec son professeur principal, Mélanie fit état d'un profond désarroi et d'une tristesse datant du divorce de ses parents, six ans auparavant. Le professeur principal avait bien été au courant de la séparation par la mère de Mélanie et celle-ci lui avait dit à l'époque que sa fille prenait les choses très bien et ne semblait pas du tout perturbée. Elle s'était apparemment tout de suite mise au travail et ses résultats étaient excellents dans toutes les matières. Le désarroi actuel de Mélanie démentait le portrait optimiste et légitimement protecteur que sa mère avait fait d'elle.

C'est parce qu'elle était soucieuse et inquiète pour sa fille que la mère de Mélanie avait eu besoin de minimiser les effets de la séparation et de se focaliser sur ses points forts et ses réussites en occultant qu'elle avait pu être fragilisée. Mélanie elle-même avait cherché à éviter sa propre détresse ainsi que le souci supplémentaire que cela aurait donné à ses parents. Elle s'était donc consacrée à son travail scolaire et à d'autres activités. Apparemment, le départ de son amie avait ravivé son chagrin dans un contexte scolaire plus exigeant. On put donner un autre sens à ce qui se passait. En fait, Mélanie avait toujours gardé secrètement en elle l'espoir qu'elle réussirait à réunir à nouveau ses parents grâce à ses résultats brillants. La peur de l'échec était une menace que cela ne se produise jamais.

Les frères et sœurs

Lorsqu'une famille a subi une perte ou une séparation, les problèmes les plus ordinaires habituellement peuvent devenir particulièrement délicats. Mais, dans la plupart des familles, l'entrée dans l'adolescence de l'un des enfants s'accompagne souvent de dissensions généralisées et des disputes peuvent se produire autour de questions qui jusqu'alors se négociaient sereinement. La situation entre frères et sœurs, explosive par excellence, porte par exemple sur des rivalités d'argent de poche, d'heures de coucher, d'heures de retour.

Dans ces situations, un monde sépare les 10-11 ans des 12-14 ans. À 12 ans, l'attention portée aux droits et aux prérogatives de l'âge change tout à coup. Jusque-là, les relations avec les plus jeunes auront été sans grands heurts, sans qu'une attention soit portée à la valeur de l'argent, ni au calcul du pourcentage supplémentaire d'argent que l'aîné devrait recevoir en vertu de ses trois ans et quatre mois de plus.

À 12 ans en revanche, les parents peuvent se retrouver dans des situations (comme dans la famille de Jim) où non seulement la vaisselle sera faite à contrecœur ou moyennant une petite rétribution comme avant, mais avec désormais un prix attribué à chaque geste, chaque assiette, casserole ou ustensile. Jim élaborait de savants et vains calculs pour dépasser son plus jeune frère, alors que celui-ci s'en moquait. Quant à ses grandes sœurs, elles avaient toujours aidé sans compter.

Les bagarres les plus importantes ont tendance à avoir lieu avec les frères et sœurs plus jeunes. Les 12-14 ans sont plus sensibles à la différence de statut et aux privilèges que leur différence d'âge est censée leur conférer. Ils commencent également à se sentir prêts à rejoindre le clan des aînés et à quitter celui des bébés.

Laurent dit ainsi au sujet de ses grands frères : « Quand j'ai eu 14 ans, si on m'embêtait, ils étaient là pour me défendre. Tom me sortait ou m'emmenait parfois à son boulot. Si ses copains disaient : "Pourquoi tu l'emmènes ?", il répondait : "S'il ne vient pas, je ne viens pas." C'était super. »

En revanche, les relations avec les frères et sœurs cadets, qui étaient jusque-là sur un pied d'égalité, ont tendance à changer de nature, et une tension nouvelle et plus forte surgit dans les conflits les plus familiers. Les comportements gentiment agaçants se transforment en provocations sérieuses. Le seuil de tolérance s'abaisse considérablement et la tendance à rendre coup pour coup est plus forte. Les parents désespèrent souvent devant ce nouveau tournant qui peut rendre insupportables des disputes jusqu'alors tolérables. Parfois, il est impossible de se dire que cela passera avec le temps et que ce n'est qu'un mauvais moment à passer. Cet état ne semble pas les affecter, d'autant qu'ils se sentent plus à leur aise dans un registre de langage plus dur et dans une attitude physique plus tendue, généralement peu appréciée des parents.

Il n'est pas rare qu'un adolescent de 12-14 ans ait à faire face à la perspective d'un petit frère ou d'une petite sœur, petit dernier que les parents s'accordent en réaction à la difficulté de voir leur enfant grandir. Les adolescents plus âgés accueillent parfois très positivement cet événement qui peut mobiliser leurs premiers sentiments liés au désir d'être parents. Un adolescent plus jeune (jusqu'alors le « bébé de la famille ») peut être profondément déstabilisé d'avoir à lâcher cette place de petit dernier et réagir avec une jalousie féroce qui peut le conduire à se mettre en retrait de façon excessive ou à être dans une fuite prématurée dans un « autre monde ». Il arrive que les jeunes filles tombent enceintes à ce moment-là, ce qui est une manière plus manifeste et dramatique de réagir.

Il existe par ailleurs des cas où la perspective d'un nouveau-né peut soulager une situation typique dans laquelle le jeune, trouvant trop difficile d'être le dernier, joue le rôle du mouton noir de la famille.

Alice décrit les choix austères qu'elle a faits lorsqu'elle avait 12 ans : « Je vivais un cauchemar. Mon frère et ma sœur aînés avaient l'air bien, mais moi je détestais tout. Je me sentais horrible et inutile. Je lisais le courrier de la rubrique Problèmes dans les magazines pour trouver des gens plus bizarres que moi. À la maison, je ne disais rien. Je suis devenue complètement silencieuse pendant deux ans. J'avais comme un masque blanc, une expression impassible sur le visage. Ma mère me demandait : "Qu'est-ce qui ne va pas ?", je répondais : "Rien." Ou bien : "À quoi penses-tu ?", je disais : "Je ne sais pas." Je me sentais à l'étroit en étant la plus jeune. Mais je suppose que c'était également rassurant. C'est peut-être le fait que ma famille reste soudée et qu'elle continue d'attendre des choses de moi qui m'a permis d'avancer. Parmi mes amis, beaucoup ne s'en sont pas sortis. »

L'adolescent n'accepte pas une justice plaquée, arbitraire. Sa demande d'être considéré dans sa singularité, pour lui-même et ce qu'il est, se fait encore plus pressante. Les parents doivent alors déployer de gros efforts de diplomatie pour concilier leur désir de soutenir les aspirations d'adulte de leur enfant en marquant la différence avec les plus jeunes, tout en gardant à l'esprit que peuvent revenir fréquemment des moments de régression et de dépendance plus infantiles.

Laurent, 20 ans, évoque avec tendresse la capacité qu'avaient ses parents à lâcher du lest afin qu'il fasse ses expériences à l'intérieur de limites fermes sur lesquelles il pouvait compter. En revanche, l'aîné, Tom, eut moins de chance. Laurent explique ainsi : « L'adolescence lui est tombée dessus brutalement et de façon inattendue. Ce qui arrivait était nouveau pour lui et pour nos parents qui formaient un couple isolé. Ils vivaient en dehors de notre petite ville. Ils ont été dépassés. » Recevoir une éducation très différente de celle de ses amis provoque une gêne embarrassante et engendre tromperies et problèmes. C'est ce qui est arrivé à Tom. « Je pense que Tom a beaucoup souffert du fait que les règles dans notre famille à cette époque étaient si différentes. Être un père consistait pour papa à travailler tout le temps et à ramener de l'argent. Il est passé à côté de mes frères. Son idée pour régler les problèmes avec Tom, c'était de lui passer un savon. Les choses ont changé avec nous, les plus jeunes. Il ne fut plus question de régler ainsi les problèmes. Je pense que c'est son expérience avec Tom qui le lui a appris. »

Échanger avec les autres parents

Ce que Laurent raconte soulève de nombreuses questions et essentiellement celle concernant le stress créé par l'épreuve des limites et la façon d'y répondre de façon mesurée, ni trop coercitive ou restrictive, ni trop permissive, ce qui est source d'inquiétude. Dans ce contexte, il peut être très important de se situer en connaissant les règles qui se pratiquent dans les autres familles. Et, bien que l'époque des discussions à la sortie de l'école soit terminée, il est précieux que, d'une manière ou d'une autre, les parents soient au courant de ce qui se passe dans le monde de ces jeunes adolescents en tissant un réseau avec les autres parents. Avoir des contacts ou même nouer des amitiés avec d'autres parents d'adolescents peut alléger l'atmosphère.

S'il y a, de façon plus ou moins tacite, un consensus parmi les parents sur ce qui est raisonnable (à propos de l'heure du coucher, l'argent de poche, les sorties, l'alcool, l'heure du lever le matin), tout devient plus facile car les limites sont alors établies et implicitement partagées. C'est même probablement un soulagement pour l'adolescent de savoir que ces limites sont reconnues par un ensemble de parents plutôt que d'avoir à les porter comme un fardeau personnel qui peut engendrer un sentiment d'injustice. Les 12-14 ans ont parfois un talent particulier pour diviser les adultes, parents contre parents, parents contre professeurs. Lorsque l'on a affaire à une revendication comme : « Je suis le seul qui n'a pas le droit de... », on peut éviter la confrontation directe en s'appuyant sur les limites fixées par le réseau de parents au lieu de régler seul le conflit.

Conclusion

Les 12-14 ans, et probablement leurs parents, franchissent durant ces années des étapes passionnantes. Chaque enfant négocie de façon singulière l'étrange processus qui le conduit à découvrir qui il est. Il découvre aussi que ce qui se révèle pour lui est différent de ce qu'il avait imaginé. Chaque avancée s'accompagne de pertes auxquelles il est souvent difficile de faire face mais aussi de gains qui ne seront vraiment visibles que plus tard.

Les résultats peuvent être à la fois enrichissants et inquiétants. La traversée de ces années de turbulences peut élargir et approfondir les relations parents-enfants grâce à la compréhension, la tolérance et l'authenticité permettant à chacun de se séparer, de grandir, de changer et enfin de poser les fondations d'une longue amitié et d'un respect mutuel.

VOTRE ENFANT
de 15 à 17 ans

À 15 ans, votre enfant va vous entraîner dans une course stimulante mais difficile sur le plan émotionnel. C'est, pour les adolescents de cet âge, une période de croissance et de bouleversements physiques et affectifs. Ils sont à la recherche d'une nouvelle identité, mais cela ne va pas sans désarroi ni sans contradictions. Un « moi enfant » et un « moi adulte » coexistent et alternent de façon imprévisible. En fait, les parents peuvent avoir l'impression que les adolescents, tout comme les petits enfants, sont impulsifs, dans la toute-puissance, et qu'ils exigent une satisfaction immédiate. Mais ils sont aussi capables d'éprouver des émotions fortes et passionnées, de l'intérêt et du dévouement pour les grandes causes, et leur capacité intellectuelle croissante leur permet à la fois de remettre en cause les idées reçues et de développer les leurs. Ils ont soif d'espace et de liberté et ils vont apprendre petit à petit que grandir signifie aussi endosser la responsabilité de leurs actes. Les adolescents sont assaillis de questions et d'incertitudes sur eux-mêmes : « Qui suis-je ? », « Qu'est-ce que je vais devenir ? », « Quelle est ma place dans le monde ? » Nous partageons des incertitudes semblables à leur propos, mais aussi sur nous-mêmes en tant que parents. Ils défient constamment notre façon de penser et notre autorité, de sorte que nous nous demandons comment les protéger sans les étouffer, comment les comprendre et les soutenir en étant attentifs à leurs sentiments et à leurs expériences.

Ce livre n'est pas fait pour être utilisé comme un manuel, comme si vous pouviez évaluer votre adolescent selon une liste d'atouts et de faiblesses, ou, pire, selon un inventaire de ce qu'il faudrait faire ou non. Vous serez bien plus conscient que nous des différentes facettes de sa personnalité. Il n'y a pas de recettes universelles. Parfois, cependant, le fait d'être trop proche peut empêcher de voir ce qui se passe. Nous espérons que les thèmes que nous abordons dans cette partie vous aideront à avoir une vision d'ensemble, bien que certains points puissent concerner plus directement que d'autres votre situation particulière. Étant donné que les adolescents se développent de façons très différentes, nous souhaitons que les exemples d'incidents vécus par des jeunes de 15 à 17 ans vous permettront de voir le genre de problèmes auxquels des adolescents et leurs parents ont été confrontés et comment ils les ont résolus.

1
À LA RECHERCHE D'UNE NOUVELLE IDENTITÉ

Entre 15 et 17 ans, les adolescents entrent dans une période de vulnérabilité, de confusion et de changements encore plus grands. Depuis le début, ils créent leur personnalité au travers d'expériences qu'ils vivent avec leurs proches. Quand ils étaient enfants, ils avaient besoin de sécurité, d'amour et d'attention, de limites et d'espace pour exercer librement une activité qui leur permette d'explorer leur imagination, leurs désirs et leurs besoins.

Le besoin d'un nouvel espace

Les besoins des adolescents ne sont pas fondamentalement différents de ceux des enfants. Cependant, il leur faut un espace qui dépasse la cellule familiale pour développer leur identité. Les adolescents font savoir que leur besoin d'avoir un espace à eux et d'être reconnus comme de jeunes adultes est primordial. Ils cherchent de nouvelles façons d'être, de se conduire et de paraître. Cette recherche d'une nouvelle identité est pleine de détours, avec des changements violents qui les entraînent de sentiments enfantins vers des sentiments d'adulte. Ils sont déchirés, pleins d'incertitudes sur leur identité et sur ce qu'ils veulent être. Ils souffrent souvent de ne pas sembler sincères tant leurs projets et leurs sentiments sont changeants. Il faut du temps avant que l'adolescent entre 15 et 17 ans ait le sentiment d'avoir un comportement particulier et des valeurs qui lui sont propres et qui expriment vraiment qui il est.

L'école et la société en général sont souvent perçues par les adolescents comme une menace dans l'effort considérable qu'ils font pour affirmer leur besoin d'espace et de reconnaissance en tant que jeunes adultes. Ils ont l'impression qu'ils doivent rompre avec leur famille. Des batailles féroces se déclarent, alors qu'ils se plaignent que tout ce qu'ils ont reçu jusqu'à présent ne sert à rien et doit être rejeté. C'est une période de conflits, de ressentiments, où on règle ses comptes. Ils se plaignent souvent amèrement que leurs parents, les enseignants et toute autre figure de l'autorité les empêchent de grandir, d'affirmer leur individualité ou leur pouvoir nouvellement acquis, et essaient encore de réglementer leur vie. Comme quand ils étaient enfants, les adolescents soupçonnent les adultes, non seulement d'avoir le monopole du pouvoir et de la sexualité, mais de conspirer pour les en écarter. Soudain, à l'occasion de discussions, des ressentiments profondément enfouis, de vieilles jalousies et des sentiments d'injustice refont surface : ils accusent par exemple leurs parents d'avoir toujours préféré un frère ou une sœur, de leur avoir fait défaut d'une façon ou d'une autre. Nous sommes souvent bouleversés par la souffrance que provoquent ces accusations dramatiques. Nous pouvons nous sentir blessés et amers Mais si nous sommes capables de nous souvenir de nos propres luttes d'adolescent, nous pouvons les aider à mieux supporter ces sentiments et à en parler quand l'orage est passé.

Le besoin de confrontation

Pendant cette période, les adolescents entament des polémiques sans fin. Certains provoquent en permanence leurs parents dans des discussions politiques et sociales interminables, parfois très fiers d'eux et arrogants, alors qu'ils défient les opinions de leurs parents et ce qu'ils perçoivent comme un mode de vie dépassé et hypocrite. Les parents ont du mal à supporter ces critiques, qui peuvent être virulentes et parfois justes. Les adolescents nous montrent qu'ils veulent que nous soyons plus forts, plus cohérents et plus courageux, mais aussi qu'ils cherchent à se définir comme complètement différents des générations précédentes. Même si elles sont agressives et provocatrices, ces discussions peuvent aussi être un moyen d'essayer d'engager la communication avec les parents et de garder avec eux un lien vivant.

Les parents de Nathalie sont des gens affectueux qui travaillent dur. Nathalie, qui avait toujours été une « gentille petite fille bien élevée et charmante », a changé vers 15 ans. Elle s'est teint les cheveux en rouge, ne portait plus que des jeans déchirés et a commencé à sortir avec une bande de jeunes « rebelles ». Elle se battait pied à pied avec ses parents pour acquérir le droit d'être différente d'eux. Alors qu'elle évitait de prendre ses repas avec ses parents et refusait les sorties en famille, elle sortait de temps à autre de sa chambre et dévalait l'escalier pour essayer de les engager dans des polémiques. Elle prenait inévitablement une position radicale et militante, s'opposant de front à son père. Ces discussions duraient des heures. Le père de Nathalie se sentait provoqué par la remise en cause incessante de son comportement et de ses valeurs. Bien que parfois vives et cinglantes, ces discussions semblaient essentielles pour Nathalie, non seulement parce qu'elles lui permettaient d'affirmer sa propre identité, différente de celle de ses parents, mais aussi parce qu'elles la rassuraient quant à leur soutien fondamental et à leur intérêt. Ils percevaient qu'elle considérait le fait qu'ils prennent le temps de l'écouter et d'émettre leurs propres opinions comme une preuve qu'ils continuaient à lui porter affection et intérêt. Ils n'eurent évidemment jamais la satisfaction d'entendre cela de la bouche de Nathalie.

Plus difficiles encore peut-être que les discussions incessantes dont nous venons de parler, sont les moments où les adolescents se retirent dans une dépression hostile et boudeuse. Ils peuvent s'enfermer pendant des heures dans leur chambre en désordre, refuser de partager leurs repas avec la famille ou, quand ils n'ont pas le choix, rester silencieux et apparemment absents. À ces moments-là, les parents peuvent avoir du mal à imaginer que leur adolescent ait encore à la fois besoin et envie de rester en contact. Le message semble être : « Lâche-moi, laisse-moi respirer. » Cependant, si les parents répondent vraiment à ce désir et ne font plus l'effort de maintenir la communication, cela risque d'être perçu comme une preuve d'abandon et de rejet. Si les parents et les adolescents trouvent la force de surmonter ces moments orageux sans rupture définitive dans leurs relations, ce conflit peut permettre à l'adolescent de grandir et de se développer.

2 LE DÉFI À LA VIE DE FAMILLE

Les drames de la vie des adolescents se jouent avec beaucoup d'intensité dans la famille. Du point de vue des parents, cela menace de faire éclater l'équilibre familial. Du point de vue des adolescents, ils mènent une lutte justifiée pour une plus grande liberté ; si, cependant, les parents cèdent trop à leurs exigences tyranniques, les adolescents risquent de se sentir abandonnés.

Les changements d'humeur

L'adolescence est caractérisée par de brusques changements d'humeur. Cela peut aller de la bouderie à de violentes colères qui risquent de perturber toute la famille. Les efforts des adolescents pour gérer les énormes changements intérieurs les rendent parfois si explosifs qu'ils exagèrent la moindre querelle. D'une certaine façon, ils semblent vivre la vie plus intensément qu'auparavant.

Les adultes peuvent avoir l'impression que chaque jour voit naître une nouvelle personne ressemblant bien peu à l'adolescent de la veille. Pour les parents, cela ressemble au flot d'émotions auquel ils savaient répondre quand leur enfant était plus jeune : en le prenant dans les bras, peut-être, ou par une plaisanterie. Mais cela semble soudain plus difficile : réagir directement à des problèmes, surtout de façon affectueuse, en le prenant dans les bras ou en l'embrassant, peut gêner l'adolescent et lui faire croire qu'on le traite comme un enfant. Malgré tout, il arrive aussi qu'il espère secrètement un geste physique rassurant.

Quant aux adolescents, ils trouvent souvent que leurs

parents ne sont pas très cohérents. Ils donnent parfois l'impression qu'ils ont envie de discuter, de les traiter en adultes ; alors qu'à d'autres moments, ils semblent inutilement sévères, comme s'ils essayaient de revenir au temps où leur enfant était plus jeune.

Des problèmes qui peuvent paraître insignifiants pour les parents prennent une importance considérable pour les adolescents, et réciproquement. Par exemple, alors que nous pensons aux anniversaires comme à une occasion de faire la fête, ils peuvent avoir le sentiment que ce jour-là est le signe de leur avancée vers l'âge adulte et, en particulier, vers une vie indépendante et vers la maturité sexuelle. À certains moments, les adolescents accueillent volontiers l'idée de grandir et de prendre plus de responsabilités, mais à d'autres, grandir est une perspective effrayante qui leur fait souhaiter rester petits et dépendants.

Préserver des limites

Les parents ont parfois l'impression qu'ils n'ont pas réussi à se mettre d'accord sur des règles communes dans la maison, parce que les sujets sur lesquels ils semblaient être parvenus à un accord sont soumis à des attaques répétées.

> Marie expliquait son dilemme ainsi : elle voulait accéder au désir de sa fille Lucie d'avoir plus de liberté, mais elle était aussi dévorée d'inquiétude parce qu'il lui semblait parfois que Lucie, voulant sortir tard le soir, était inconsciente du danger. Quand on lui demandait à quelle heure elle rentrerait, Lucie donnait une réponse vague, de toute évidence agacée qu'on lui pose la question. Des phrases telles que « C'est ma vie » et « J'aimerais juste que tu me fasses confiance » ne calmaient pas l'angoisse de Marie, car, bien que Lucie défendît farouchement sa « maturité », Marie voyait bien qu'au fond Lucie était une petite fille vulnérable. Mais il semblait qu'il n'y avait pas moyen d'évoquer cette idée sans provoquer des discussions.

Ce genre de confrontations arrivent tout le temps.

La pression pour faire reculer les limites peut être énorme, comme peut l'être la tentation d'imposer des mesures inflexibles qui conviennent plus à un jeune enfant qu'à un adolescent. Il semble parfois que parents et enfants aient des exigences contradictoires : d'un côté, ils tirent vers la séparation, et de l'autre, vers une dépendance rassurante. Les deux tendances semblent également irrésistibles. Par exemple, si les adolescents n'ont pas l'impression qu'on prend en charge leur éducation, ils peuvent se sentir abandonnés. Cette lutte peut parfois diviser les parents.

Jeanne et Bruno ont des soucis avec Thomas, leur fils de 16 ans. Il a récemment commencé à délaisser la famille et à passer beaucoup de temps à l'extérieur. Le déjeuner du dimanche était jusqu'alors un point central pour la famille. Jeanne s'était donné du mal un dimanche pour préparer un déjeuner qui plairait à Thomas. Elle n'avait pas manqué de lui demander ce qu'il aimerait et s'était mise en quatre pour le préparer. Elle allait servir le repas quand Thomas est arrivé, son manteau sur le dos, en disant qu'il ne serait pas là pour le déjeuner (bien qu'il ait participé à l'établissement du menu) parce qu'il allait voir sa petite amie. Et il est sorti. À la grande surprise de Jeanne, après le départ de Thomas, Bruno s'en est pris à elle et lui a dit qu'elle n'avait pas cuisiné ce qu'aimait Thomas et que c'était pour ça qu'il était parti. Jeanne avait beau être sensible au fait que Bruno, lui aussi, ressentait cette tension pour retenir son fils et le garder à l'intérieur du cercle familial, elle fut profondément blessée parce qu'elle s'était vraiment donné du mal pour préparer ce déjeuner. De tels incidents, même s'ils peuvent sembler insignifiants, provoquent parfois de profondes scissions dans la famille. Quand ils en parlèrent ensemble, Bruno se rendit compte qu'il s'en était pris à Jeanne parce qu'il avait été blessé par le rejet de Thomas et qu'elle était une cible facile.

Alors que les adolescents vont sans cesse contester toute règle imposée, il est très important que les parents continuent à poser des limites et à maintenir le dialogue avec eux.

Attentes et désillusions

Au cours de ces années, les adolescents prennent des décisions importantes pour leur vie. Cela peut amener les parents à revenir sur leur propre vie, y compris sur leurs déceptions et les occasions manquées.

Parfois, on charge l'adolescent d'espoirs et d'attentes qui ne viennent pas de lui. Les parents peuvent être particulièrement exaspérés quand ils sont confrontés aux incertitudes de leur adolescent, à sa façon de se préoccuper de mode, de musique ou de ses amis, plutôt qu'à l'adolescent « motivé » qu'ils espèrent voir.

Mikaël avait grandi à l'ombre de sa sœur aînée. Elle avait parfaitement réussi ses études et avait été admise dans une grande école. Mikaël avaitmoins bien réussi qu'elle, bien qu'il ait toujours pensé poursuivre la tradition familiale en suivant des études de médecine. On était médecin ou spécialiste depuis trois générations dans la famille. Mikaël en parla avec un ami de la famille. Celui-ci fut étonné par la contradiction évidente entre sa vivacité intellectuelle et ses résultats très médiocres à l'école. Il semblait que, dans l'ensemble, l'avenir de Mikaël, encore adolescent, était déjà tout tracé. Il avait l'impression que beaucoup de jeunes de son lycée avaient eux-mêmes choisi leur carrière. Alors que la sienne avait été prédéterminée par la tradition familiale. D'un côté, son sens du devoir le poussait à suivre les générations précédentes. Mais, en même temps, il était tout à fait clair que ses notes n'étaient pas assez bonnes pour qu'il puisse y arriver. Il s'était débrouillé pour prendre dans la classe la place du cancre, du clown qui mettait à coup sûr de l'animation quand il s'agissait d'inventer des excuses pour ne pas avoir terminé ses devoirs. Ainsi, il s'accrochait à l'objectif déclaré, celui de suivre les traces de son père, mais cela sonnait faux.

Mikaël commençait depuis peu à parler de ses ambitions. Il les exprimait dans l'ensemble de façon négative, parlant plus de ce qu'il ne voulait pas faire que de ce qui l'intéressait vraiment. Il suggéra par exemple qu'il ferait mieux de quitter l'école assez tôt plutôt que de passer son bac et d'entrer à l'université. Quand il en parla, il apparut clairement qu'il essayait de se mettre dans une position où on ne pourrait pas lui demander de poursuivre la profession familiale. Comment pourrait-il le faire s'il était un raté ? Il avait du mal à imaginer que les études pouvaient mener à une autre profession. Il n'était pas du tout sûr que, s'il avait son bac, il serait capable de résister à la pression d'entreprendre des études de médecine.

Ce qui est intéressant, c'est que, quand l'ami de la famille, avec l'accord de Mikaël, parla à ses parents de cette pression que Mikaël ressentait, ils s'aperçurent qu'ils ne s'étaient pas rendu compte qu'ils lui demandaient de suivre les traces de la famille et que c'était pesant pour lui. La mère de Mikaël avait elle-même vécu des pressions semblables, mais elle avait été capable d'exprimer sa révolte d'une façon plus franche et plus manifeste. Elle avait été très déçue par ce qui lui semblait être un manque d'ambition et de capacités intellectuelles chez lui. Elle n'avait pas pensé qu'il pût y avoir une relation entre les résultats médiocres de Mikaël et sa confusion sur son avenir. Une fois qu'elle l'eut accepté, elle devint capable d'user de sa perspicacité pour rouvrir le dialogue avec lui sur son avenir. Il fit des progrès remarquables dès qu'il comprit que c'était à lui de façonner son avenir plutôt que de s'obliger à entrer dans un moule un peu sinistre et de s'y conformer.

Cet exemple n'est pas unique. En fait, la désillusion couplée avec un sentiment de désespoir que partagent les adolescents et leurs parents quand les attentes sont déçues est une expérience courante, mais on peut les surmonter si on les aborde avec sensibilité.

La tâche de chacun des parents

À cet âge, les adolescents s'impliquent dans une renégociation de leurs relations individuelles avec leur père et leur mère. Être capable de se définir par rapport aux figures principales de sa vie, particulièrement les parents, est une partie essentielle de la découverte de soi-même et de la construction de son identité. Il est stupéfiant, pour les parents comme pour les adolescents, de découvrir qu'ils sont plongés dans des confrontations blessantes qui semblent rappeler de façon inquiétante les luttes des années précédentes, mais les solutions sont moins évidentes. Les anciennes façons de régler les désaccords, surtout si elles étaient fondées sur la force ou sur la seule autorité de l'âge, ont besoin maintenant d'être repensées parce qu'elles peuvent être vécues comme inutilement provocatrices par le jeune adolescent.

Antoine, un solide garçon de 17 ans, avait le sentiment que, quand il était plus jeune, il savait où il se situait par rapport à son père. Il se souvenait bien s'être confronté à lui pour une petite histoire de chapardage. Il avait 8 ans à l'époque. Il avait dû affronter le regard de son père qui était un homme imposant bien que gentil, et il avait eu peur. Malgré la peur, savoir que son père était ferme sur la discipline avait dû être rassurant pour Antoine. Ils avaient commencé récemment à improviser des concours de force physique. Ceux-ci commençaient comme quelque chose de léger, comme par exemple un bras de fer, puis cela devenait beaucoup plus sérieux. Antoine était de plus en plus frustré de ne pas réussir à battre son père, même s'il n'en était pas loin. Il remarquait un changement dans l'attitude de son père : il avait commencé à travailler beaucoup plus sérieusement sa forme physique et en particulier il s'était mis aux haltères. Antoine avait donc aussi commencé à s'entraîner, mais ce ne fut que plus tard qu'il se rendit compte de la signification de cette course à la forme dans laquelle son père et lui s'étaient parallèlement engagés, évitant soigneusement pendant ce temps de se mesurer au « bras de fer ». Quand arriva finalement la « bataille des géants », ce fut Antoine qui triompha. Cependant, tout en ayant l'impression d'avoir gagné une fameuse victoire, il ressentit curieusement un sentiment de déception. Peut-être avait-il soudain perdu le sentiment de sécurité que lui donnait sa croyance dans le père « fort » de son enfance. Antoine et son père s'étaient manifestement enfermés dans une relation fondée sur une lutte pour la domination. Dans ce scénario, si vous n'êtes pas le dominateur, vous êtes le perdant. On peut supposer que la lutte entre eux avait pris cette forme absolue parce qu'ils étaient coincés dans leur mode de relation antérieur fondé sur la force, et que le père d'Antoine s'était senti trop menacé pour céder volontiers là-dessus. C'était difficile pour lui de laisser son fils se développer sans se sentir « détrôné ». Le besoin de battre son père physiquement était la réaction d'Antoine à une attitude qui ne laissait pas assez de place sur le plan émotionnel pour un adolescent en pleine croissance.

Des luttes de ce genre entre les parents et leurs adolescents peuvent revêtir différentes formes.

Dans le cas de Myriam, cela se concentrait sur l'école et la vie à la maison. Bien que tout à fait capable sur le plan scolaire, elle se sentait complètement étrangère à ses parents. Il lui arrivait assez souvent de passer des journées entières sans leur parler et parfois de se conduire comme si elle ne voulait pas les reconnaître. Les parents de Myriam avaient beaucoup investi dans son éducation. Ils voulaient qu'elle en ait une meilleure que celle qu'ils avaient reçue. Alors qu'ils n'étaient pas très aisés, ils lui avaient parfois payé des cours particuliers. Avec beaucoup de détermination, ils s'étaient débrouillés pour qu'elle aille dans une bonne école, même si elle était loin de chez eux. Ils ne se sentaient pas seulement blessés par le rejet apparent, mais aussi profondément déçus qu'elle montre rarement des signes qu'elle aimait l'école. Cependant, ses bulletins prouvaient qu'elle travaillait bien. C'était autre chose à la maison où elle n'invitait jamais ses camarades de classe. Myriam traînait résolument avec les jeunes de son quartier, dont beaucoup exprimaient leur ras-le-bol de l'école. Ses parents étaient très inquiets à l'idée qu'elle puisse toucher à la drogue et très préoccupés de leur manque de contact avec elle quand elle rentrait. Myriam, pour sa part, affirmait qu'elle ne prenait pas de drogue. Très sûre d'elle, elle déclarait qu'elle était contre, même si plusieurs de ses amis en consommaient devant elle. Elle avait l'impression d'être capable de tenir sa position et, malgré ces différences, elle avait plus de choses en commun avec ses copains du quartier qu'avec ceux de l'école.

Myriam commençait, apparemment, à aller au-devant de sérieux ennuis, malgré sa certitude de savoir ce qu'elle faisait. Elle prenait manifestement de plus en plus ses distances par rapport à son côté scolaire pour se rapprocher d'un aspect beaucoup plus obscur de sa personnalité. Dans sa confusion, elle se raccrocha à un groupe d'amis qui partageaient principalement un sentiment de résignation, de désespoir et, dans l'ensemble, un manque de réussite scolaire. Myriam reconnaissait que cet environnement ressemblait à celui qu'avaient eu ses parents.

Il est difficile de savoir précisément pourquoi il y avait une telle coupure entre elle et ses parents. Peut-être s'était-elle sentie arrachée de son milieu social naturel, même si c'était avec les meilleures intentions, mais sans qu'on la consulte alors qu'elle était concernée. Sa vie semblait une lutte pour répondre aux aspirations de ses parents, particulièrement dans la façon dont elle se battait pour réussir à l'école, et pour trouver en même temps son monde à elle, différent des ambitions que ses parents nourrissaient pour elle.

Antoine et Myriam montrent tous deux un trait frappant de la vie de famille avec des adolescents : des deux côtés, il peut y avoir des désillusions et de grandes déceptions. Il semblerait que plus les espérances sont grandes, plus les désillusions sont intenses. Avec les meilleures intentions du monde, le désir de donner aux enfants de bien meilleures perspectives dans la vie que celles des parents peut brouiller la frontière entre le souhait compréhensible de donner aux enfants les meilleurs atouts et l'envie de revivre sa vie à travers eux.

La crise de milieu de vie des parents

Bien d'autres pressions peuvent insidieusement s'exercer sur les parents. La présence même d'un adolescent manifestement au seuil de l'âge adulte, à la fois sexuellement et en termes de carrière, peut amener les parents à se sentir dévalués. Être dans la même maison que quelqu'un qui est, de toute évidence, à l'aube d'une nouvelle vie peut forcer les parents à faire le point sur leur propre vie.

Bertrand, la quarantaine, vivait heureux – à son avis – en ménage depuis plusieurs années, malgré de nombreux déplacements professionnels à l'étranger. Mais, depuis que sa fille aînée de 16 ans était tombée passionnément amoureuse de son petit ami, il avait un point de vue critique sur les circonstances dans lesquelles il s'était marié. Il avait de plus en plus l'impression d'avoir été piégé et d'avoir raté l'occasion de vivre une passion de jeunesse. Il se rendit compte qu'il s'était un peu refermé sur la famille, en grande partie pour ses trois enfants. Il ne tarda pas à avoir une aventure avec une femme beaucoup plus jeune et, au bout d'un moment, quitta sa famille pour vivre avec elle. Mais cette aventure échoua et, finalement, après une période douloureuse pour tous, il regagna son foyer. À la réflexion, il lui semblait que cette décision de partir était liée au fait de voir se déployer la sexualité débordante de sa fille adolescente et au désir qui en découlait de retrouver sa propre adolescence et de redémarrer à zéro.

Pour d'autres parents, avoir des enfants qui atteignent l'adolescence mène à une sorte de deuil de l'époque où ils étaient de jeunes parents avec de jeunes enfants plutôt que des parents plus âgés d'adolescents sur le point de quitter la maison. Les femmes qui ont cessé de travailler pour élever leurs enfants, notamment, peuvent le ressentir profondément et éprouver un sentiment de vide au moment où les adolescents gagnent leur indépendance.

Les familles recomposées

Il est très important de garder en mémoire la complexité des sentiments suscités chez un enfant quand il lui faut accepter le nouveau partenaire d'un de ses parents et parfois des nouveaux « frères » et « sœurs »[1].

Christophe avait 5 ans quand son père a quitté la maison. Il a une sœur, Hélène, de deux ans plus âgée. Leur père avait au début gardé le contact avec ses enfants et les voyait le week-end. Puis ses visites se firent progressivement plus rares ; il faisait des promesses qu'il ne tenait pas et, quand la mère de Christophe se remaria, le contact entre le père et les enfants était devenu pratiquement inexistant. Même avant la séparation de ses parents, Christophe ne voyait pas beaucoup son père, soit parce que celui-ci voyageait, soit parce qu'il était préoccupé par son travail. En fait, Christophe avait pris l'habitude de se mettre dans la peau de son père ; c'était un garçon très doux, très proche de sa mère, mais très agressif avec son père, tout en souhaitant désespérément attirer son attention. Voilà comment Christophe parle de cette époque :
« Quand j'avais 8 ans, j'aimais bien faire semblant que papa était encore là, qu'on irait faire quelque chose ensemble, une balade en vélo ou aller à la piscine. Mon père n'a jamais fait très attention à moi. J'ai dû attendre l'arrivée de mon beau-père pour apprendre à nager. Il a été extrêmement gentil avec moi au début. Il l'est toujours, je crois. Il m'emmenait avec lui quand il avait des choses à faire et il m'expliquait les choses que je devais savoir quand je serais grand et que j'aurais une famille à moi. Il disait que les femmes ne comprenaient pas ces choses-là. Il me donnait l'impression que j'étais quelqu'un d'important. Ma sœur ne s'est jamais entendue avec lui. Elle se méfiait de lui et disait qu'il était stupide. Elle avait raison, sauf que je ne pouvais pas m'en apercevoir. Je crois que j'étais une fois de plus trop occupé à faire semblant que mon père était là, mais c'était un père meilleur, le père rêvé, sûr de lui et sécurisant. Il connaissait les avions, les moteurs, les chevaux et les voiliers et il se sentait bien quand nous étions côte à côte, ma petite main dans la sienne. De toute façon, ma mère s'était mariée

1. Il n'y a hélas pas de nom pour les liens entre les enfants de chacun des deux nouveaux conjoints.

avec lui, donc il ne pouvait pas être un crétin parce qu'elle est intelligente. Et elle m'adore. Mais ma sœur avait raison. Mon beau-père est un crétin. À 15 ans, quand je m'en suis rendu compte pour la première fois, j'étais déjà trop grand pour le prendre par la main. Je voulais vraiment le respecter mais je n'y arrivais pas. Je n'y arrivais plus. Toutes les choses qu'il m'avait apprises ne me serviraient pas à grand-chose après tout, parce que je n'avais pas envie de vivre la même vie que lui. Il se vantait de tout savoir sur les femmes parce que les hommes sont plus intelligents. Mais il n'est pas plus intelligent que ma mère – ou moi d'ailleurs. Il pensait qu'il était le meilleur, que tout le monde le respectait et essayait de vivre selon ses règles. Je ne pouvais pas faire cela. Je n'avais plus de respect pour lui. J'étais donc triste et perdu. J'aurais voulu pouvoir retrouver de l'estime pour lui. J'aurais voulu que tout redevienne comme avant mais ce n'était plus possible, plus jamais. Et aussi, j'étais furieux contre ma mère. Comment avait-elle pu nous faire ça ? Tout allait bien avant qu'elle se remarie. Je me rends compte que j'étais trop petit pour être utile, mais on s'entendait bien et, ma sœur et moi, on essayait d'aider. Maintenant, j'avais l'impression que j'étais assez grand pour être l'homme de la maison, mais c'était trop tard, on était coincés avec mon crétin de beau-père.

Je décidai de ne plus parler quand nous dînions tous ensemble, parce qu'il m'énervait. Tout ce qu'il disait, tout ce qu'il faisait confirmait mes pires soupçons. Ma sœur était déjà tout le temps après lui. Je ne voulais pas aggraver les choses, ni attrister ma mère en lui montrant que j'étais d'accord avec ma sœur. J'étais en colère contre ma mère. Je ne voyais pas ce qu'elle faisait avec un homme que ses enfants détestaient. Mais je ne voulais pas lui faire de la peine ni envenimer les choses, parce que, si j'avais parlé, j'aurais explosé. Je l'aurais insulté et lui aurais craché à la figure (ce qui n'aurait probablement pas été une bonne idée). Ma mère ne comprenait pas ce qui n'allait pas. Elle demanda à ma sœur si j'étais amoureux. Amoureux ! J'avais plutôt la haine.

Mais, comme mon beau-père sortait parfois, je n'étais pas obligé de tenir ma résolution de me taire tous les soirs. On

> s'amusait bien alors. On faisait des sandwiches dans la cuisine, on les empilait sur un plateau et on mangeait devant la télé. On se serrait sur le canapé et même le chien se mettait avec nous. Mon beau-père n'aurait jamais admis ça. On regardait la télé, on s'empiffrait et on bavardait. J'adorais ces soirées. Et ma mère aussi – je le voyais à son sourire et au fait qu'elle n'aurait jamais fait cela quand mon beau-père était à la maison. D'abord, pourquoi était-il dans la maison ? Je ne comprenais pas... je crois que je ne comprendrai jamais. »

Dans ce monologue teinté d'ironie, Christophe nous montre son désir d'avoir un père. Quand sa mère s'est remariée, il a transféré ce désir sur son beau-père dans l'espoir qu'il allait combler toutes ses attentes. Et son beau-père a été, pendant un temps, à la hauteur de cet idéal. À 15 ans, Christophe a perdu toutes ses illusions sur cet homme à qui il avait fait confiance et qu'il avait estimé. Comme la plupart des adolescents, Christophe, avec l'aide de sa sœur, s'est mis à tout critiquer avec une certaine arrogance, sondant tous les points faibles, certains réels, d'autres imaginaires, du caractère de son beau-père. Au moment de l'adolescence, nous l'avons vu, s'exacerbent les anciens conflits d'autorité, de rivalité, de confiance et de méfiance, d'espoir ou de désillusion, d'amour ou de ressentiment. Quand il y a un beau-père ou une belle-mère, ces conflits peuvent être encore plus intenses car à cet âge resurgissent souvent des problèmes liés à l'arrivée d'un beau-parent au cours de l'enfance. Christophe avait semblé accueillir de bon cœur la présence de son beau-père, et la rivalité qu'il avait avec lui par rapport à sa mère était passée inaperçue, pour mieux revenir plus tard, avec plus de virulence.

Lors de l'arrivée du nouveau partenaire, les parents souhaitent toujours que la transition soit aussi douce que possible et former une « famille heureuse ». Mais, ce faisant, le danger peut être de négliger certains aspects plus problématiques de ce processus. Si la mère et le beau-père de Christophe avaient pris conscience de sa colère et de sa souffrance, d'avoir perdu non seulement son vrai père, mais aussi à ses yeux sa relation privilégiée avec sa mère, ils auraient pu l'aider à essayer de gérer ses émotions. Christophe n'aurait pas eu à les nier et aurait pu éviter une réaction aussi violente à l'adolescence. Si chacun a la possibilité d'exprimer ses sentiments et d'y réfléchir, les membres de la nouvelle famille peuvent plus facilement se soutenir mutuellement et respecter le besoin de liberté de chacun.

3 L'ADOLESCENT ET L'ÉCOLE

Les années de 15 à 17 ans couvrent quelques-uns des événements les plus importants de la carrière scolaire. **Ce sont des années décisives.** À 16 ans, certains adolescents décident de quitter l'école, tandis que d'autres choisissent de continuer leurs études dans l'enseignement général ou professionnel. Ce choix de l'adolescent est influencé par plusieurs facteurs : ses valeurs personnelles, ses centres d'intérêt et ses motivations ; ses capacités scolaires et le métier qu'il veut faire plus tard ; les attentes de ses parents et leur situation financière ; les valeurs que son groupe d'amis prônent ; l'influence des enseignants et de l'école et, par-dessus tout, l'état d'esprit de l'adolescent à ce moment-là. Les adolescents ont besoin qu'on les aide à réfléchir aux décisions qu'ils doivent prendre concernant leurs études.

Le défi des examens

Pour ceux qui continuent leur scolarité, les examens vont occuper une part de plus en plus importante. Ce sont leurs résultats qui déterminent s'ils poursuivront leurs études ou quel genre de métier ils pourront exercer : la pression pour réussir est source d'angoisses terribles. Ils peuvent avoir le sentiment que ce n'est pas seulement leurs compétences qui sont jugées, mais toute leur personne, que ce sont les examens qui décideront s'ils sont assez bons pour trouver leur place dans la société ou si, au contraire, ils ne sont pas du tout à la hauteur en tant qu'êtres humains, s'ils sont destinés à décevoir leurs professeurs et leurs parents et à se décevoir eux-mêmes. Quand on pense que la réussite aux examens détermine la valeur d'une personne, la tentation est grande de critiquer les examens, de les éviter et de se tourner vers une activité plus stimulante et immédiatement gratifiante. Certains adolescents, au contraire, vont se retirer dans un état somnolent, hébété, dépressif. Les parents peuvent aussi, comme nous l'avons vu avec l'exemple de Mikaël, mettre trop de pression sur leur fils ou leur fille, parce qu'ils essayent, à travers eux, de réaliser leurs propres ambitions inassouvies.

Sonia a toujours été une élève consciencieuse et studieuse qui voulait poursuivre des études pour être institutrice. Elle s'appliquait dans son travail et y prenait plaisir, malgré une angoisse occasionnelle, liée à ses doutes sur sa capacité à rendre des devoirs dont ses professeurs seraient satisfaits. Cependant, à l'approche de son examen blanc, elle est devenue très déprimée, restant au lit jusqu'au milieu de l'après-midi, refusant d'aller à l'école et affirmant que son professeur de français était contre elle, quels que soient ses efforts. Elle avait le sentiment que rien ne valait la peine. Pour Sonia, rester au lit exprimait le désir de redevenir toute petite.

Le changement soudain dans son attitude peut avoir été en rapport avec des changements et des bouleversements survenus dans sa famille ; son frère aîné était parti de la maison pour aller vivre dans une autre ville avec son amie et son grand-père maternel était mort après une longue maladie. La mère de Sonia, elle-même déprimée par la mort de son père et le départ de son fils, était agacée et exaspérée par les discussions incessantes qu'elle avait avec sa fille. Sonia refusait résolument d'écouter ses parents. Visiblement, l'approche des examens l'accablait, à une période où elle se sentait déjà très vulnérable. Quand les parents de Sonia se rendirent compte qu'ils n'étaient pas en mesure de l'aider à surmonter son appréhension et son désespoir dans le domaine scolaire, ils eurent l'idée de demander à la tante préférée de Sonia de lui parler. Pendant quelque temps, cette tante prit une place importante dans sa vie et Sonia semblait se confier à elle, tout en gardant ses distances avec sa mère. Sa mère fut capable de le supporter et se rendit compte que Sonia se reprenait doucement. En fin de compte, Sonia réussit à retourner à l'école, tout en ayant besoin qu'on la soutienne. De temps en temps, elle se sentait envahie par le découragement et de nouveau le désir de tout laisser tomber, car elle avait maintenant pris du retard dans ses études. En fin de compte, avec le soutien de ses parents, de sa tante et de l'école, elle réussit à faire face au défi impressionnant que représentait pour elle ses examens.

Soutenir fermement Sonia fut essentiel pour qu'elle surmonte la crise. La laisser sombrer dans la dépression et abandonner ses études aurait augmenté son sentiment de ne pas être assez forte pour faire face aux difficultés.

Le développement du jugement critique

Entre 15 et 17 ans, il se produit d'importants changements dans la façon dont la pensée et l'apprentissage se déroulent.

Simon avait assez bien réussi son brevet. Il avait beaucoup travaillé les semaines précédant les épreuves et il avait bénéficié de sa bonne mémoire et de sa décontraction en situation d'examen. Il avait du mal à désigner ses matières préférées, même si elles coïncidaient dans l'ensemble avec les professeurs qu'il aimait bien et ceux qui lui enseignaient des connaissances faciles à assimiler. En seconde, cependant, il commença à se heurter à des exigences bien différentes. Il avait déjà eu le même professeur de français et Simon pensait qu'il allait réussir aussi bien qu'avant. Mais il lui apparut rapidement que, pour la première fois de sa vie, il rencontrait de réelles difficultés. Contrairement à son habitude, il n'arrivait pas à s'en sortir en se fiant à sa mémoire, ce qui le sauvait auparavant. C'était en commentaire de texte qu'il rencontrait le plus de difficultés. Le professeur en avait exposé les grand principes, mais Simon trouvait que c'était très difficile de penser par lui-même et de donner son propre point de vue sur la littérature. Ses premiers essais n'avaient pas été bons. Le professeur, plutôt sympathique, lui avait montré qu'il n'avait fait que résumer la pièce qu'ils étudiaient au lieu d'en dégager les caractéristiques principales. Simon réessaya et exprima cette fois des opinions très affirmées sur la pièce. Cependant, à sa grande frustration, on lui dit que ces opinions exprimaient des points de vue qui n'étaient pas dans le texte lui-même.

La difficulté de Simon met le doigt sur un défi particulier auquel sont confrontés les enfants de cet âge, qui est celui de la réflexion. On attend d'eux, peut-être pour la première fois, qu'ils exercent leur esprit critique et qu'ils justifient leurs opinions de façon cohérente. Formuler une opinion personnelle logique et dépassionnée risque de leur sembler très difficile : les adolescents peuvent ne pas savoir ce qu'ils pensent d'une façon générale et ont parfois du mal, même s'ils ont un avis, à faire la distinction entre une pensée critique et le simple besoin de s'opposer au savoir reçu.

Quitter l'école ou continuer des études

À 16 ans, certains adolescents vont quitter l'école par nécessité ou par choix. En fait, un certain nombre d'adolescents qui, enfants, étaient fiers d'obtenir de bons résultats à l'école semblent maintenant négliger leur travail scolaire. Ils ne veulent plus qu'on les embête, détestent l'école, la trouvent ennuyeuse, estiment que c'est une perte de temps. Ils deviennent critiques, se révoltent contre le système scolaire. Ils ont l'impression d'être infantilisés par les professeurs et les parents qui les harcèlent pour qu'ils fassent leur travail et qu'ils aient des projets à long terme pour l'avenir, alors que le monde, la liberté les appellent. Ils se désengagent des études pour des raisons très variées : parce que, voyant peut-être plus nettement les défauts de l'école, ils mettent en cause le manque de débouchés, ou qu'ils redoutent les concours.

Pour beaucoup d'adolescents, il est particulièrement difficile de s'engager dans ce qui leur semble être un surcroît d'années d'études, alors qu'ils pensent qu'ils pourraient quitter l'école immédiatement, gagner un peu d'argent et être relative-

persécuté peut développer un sentiment d'injustice et une rancune profonde qui l'amènent à l'absentéisme ou au refus total d'aller à l'école. Les parents et les professeurs veulent parfois ignorer le problème et espèrent que les adolescents seront capables de résister eux-mêmes. Mais les adolescents ne peuvent surmonter ce problème que s'ils ont la force intérieure de le faire, s'ils comprennent en quoi ils y contribuent, et uniquement si la gravité de la situation ne requiert pas l'aide d'un professionnel.

D'abord, il est important que les parents gardent à l'esprit que, s'ils remarquent que leur enfant n'a pas envie d'aller à l'école, cette attitude n'est peut-être pas forcément due à des difficultés ou à de la paresse en rapport avec son travail scolaire, mais aussi, peut-être, à cause de quelque brimade. Plus on peut parler de ce problème ouvertement, mieux c'est. Ce qui rend parfois si difficile et si douloureux pour les adolescents le fait d'aborder cette question, c'est qu'ils se sentent terriblement vulnérables et blessés et que leur estime d'eux-mêmes a pu en souffrir. Votre soutien et votre compréhension peuvent suffire pour les aider à surmonter cette crise. Si ce n'est pas le cas, il est important de collaborer avec l'école pour trouver un moyen de gérer ce problème. Quelques établissements ont pris des dispositions pour aborder ces questions ; dans d'autres, vous (et votre adolescent) pourrez avoir besoin de parler personnellement avec les autorités scolaires compétentes (on y reviendra).

4

L'AMITIÉ ET LA VIE SOCIALE

Il est important que les adolescents puissent développer des amitiés et des activités en dehors du cercle familial. Leur développement et le sens de leur identité dépendront, dans une certaine mesure, de leur capacité à nouer de nouvelles relations au-delà de leur monde familier, sans cependant perdre contact avec la base que représente la maison.

Les parents des adolescents de 15 à 17 ans sont confrontés à la tâche difficile et souvent douloureuse de devoir renoncer à un certain degré de contrôle pour accorder aux adolescents cette nouvelle liberté. Pour différentes raisons, il peut être difficile de « lâcher prise » à cet âge. Les parents peuvent avoir, à juste titre, le sentiment qu'à cause de son immaturité, leur adolescent n'est pas prêt à assumer une plus grande liberté et à en faire bon usage. Cela peut faire mal aussi d'être face à un adolescent pour qui vous n'êtes plus le centre du monde et sur qui les amis et leur mode de vie particulier ont de plus en plus d'influence. C'est ainsi que, lorsqu'ils font l'expérience de la tendance des adolescents à leur tourner le dos et à se jeter dans leur nouveau monde, beaucoup de parents ont du mal à se souvenir à quel point leurs enfants ont encore besoin de leur attention et de leur compréhension.

Les amis intimes

Pleins d'émotions, de doutes, d'aspirations et de sentiments contradictoires, les adolescents ont un grand besoin de communiquer et de partager des choses avec des jeunes de leur âge.

À cet âge, les adolescents nouent souvent une amitié intense avec quelqu'un qu'ils ressentent comme très semblable à eux. Avec cet ami particulier, ils peuvent partager toutes leurs peines, leurs blessures, leurs souffrances, leurs soucis et leurs premiers amours. Il est possible que cette amitié ait existé avant, mais, à cet âge, ils peuvent investir un ami intime avec une intensité particulière. Avec cet ami, les adolescents ont le sentiment qu'ils peuvent partager absolument tout et qu'ils seront implicitement compris. C'est l'époque des longues conversations téléphoniques où ils se racontent et partagent chaque petit incident de la vie affective. Souvent cette proximité avec un ami semble remplacer l'intimité passée avec un de ses parents.

Aussi loin que remontaient ses souvenirs, Charlotte avait toujours eu une meilleure amie. À l'école primaire, elle avait été inséparable de sa copine et la voyait régulièrement après l'école, pendant les week-ends et les vacances. À 16 ans, elle devint très intime avec Valérie, avec qui elle partageait ses secrets les plus personnels, ses désirs, ses centres d'intérêt et ses déceptions. Elles ne faisaient pas que s'aider dans leur travail et dans les autres difficultés qu'elles rencontraient, elles semblaient aussi se confier et se faire confiance mutuellement plus qu'à n'importe qui d'autre. Elles exaspéraient leurs familles respectives par leurs conversations téléphoniques interminables à toute heure du jour et de la nuit, alors qu'elles venaient de passer plusieurs heures ensemble. Quand Charlotte apprit que Valérie allait déménager avec sa famille dans une autre ville, elle fut prise de panique et déprimée. Elle vivait la perte de sa meilleure amie comme une vraie tragédie et elle mit beaucoup de temps à se remettre de cette épreuve. Pendant plusieurs mois, elle s'accrocha désespérément à son amie en lui écrivant de longues lettres. Mais cet échange quotidien ne remplissait pas le vide que l'absence de son amie avait laissé, et Charlotte continuait donc à lui téléphoner régulièrement, semblant ignorer non seulement le poids financier, mais également l'inconvénient de monopoliser le téléphone. Au bout de quelque temps, Charlotte se rendit compte que les « aventures » et le mode de vie décrits par Valérie s'éloignaient de plus en plus de ses centres d'intérêt. Les échanges entre les deux filles devinrent progressivement moins fréquents et moins longs, bien qu'elles aient gardé le contact et soient restées amies. Charlotte s'éloigna de Valérie en grandissant et finit par prendre son indépendance vis-à-vis d'elle.

Les groupes

Beaucoup d'adolescents passent le plus clair de leur temps tout seuls, enfermés dans leur chambre, à lire, à rêvasser, à regarder la télévision, à jouer à des jeux vidéo ou à écouter de la musique pendant des heures. Il arrive qu'ils soient inquiets à l'idée de s'aventurer hors de leur chambre et de leurs rêveries parce qu'ils ont peur d'être rejetés et qu'ils se sentent complexés. Parfois, quand ils sont accrochés à leur baladeur, la musique semble fonctionner comme la clé d'un monde solitaire de rêverie sensuelle dans lequel ils se perdent.

Devenir membre d'un groupe peut aider à « diffuser » ces angoisses individuelles. Le groupe dans son ensemble remplit le rôle de réceptacle des émotions et des angoisses des adolescents. Souvent, le groupe lui-même est constitué de personnalités très différentes qui semblent représenter les multiples facettes de la personnalité de l'adolescent. Il y a David le paresseux, Sophie la sauvage, Nicolas le renfermé, et bien d'autres. Les membres du groupe partagent habituellement certains centres d'intérêt : la mode, la coiffure, la musique, le sport, les idoles. L'humeur du groupe peut aller de la passivité – par exemple boire en écoutant de la musique dans une atmosphère enfumée – à une énergie électrique.

Les adolescents sont souvent passionnés de musique : ils peuvent passer des heures à écouter leur musique préférée, à jouer dans des groupes, à traîner ensemble ou à sortir en boîte. Les garçons en particulier peuvent se polariser sur les voitures de sport et les motos qui semblent incarner leur désir de puissance et de virilité. Comme beaucoup des préoccupations des adolescents, c'est certainement lié au désir de braver l'interdit, soit parce que c'est dangereux, soit parce que c'est une activité exclusivement d'adulte.

Jimmy exprime de manière vivante la façon dont son groupe lui donne un sentiment de sécurité et d'une certaine supériorité : « Les parents de mon meilleur copain ont une cave vide dans leur maison, et on va donc traîner là-bas après l'école. On a mis un canapé, une chaîne hi-fi et des tas d'autres trucs. Il y a plein de garçons qui viennent discuter avec nous : nos copains, bien sûr, mais aussi des types qui habitent dans la même rue et d'autres de l'école. Et des filles – on aime bien qu'il y ait plein de filles. Au début, on n'arrivait pas à en faire venir beaucoup, et puis on a eu cette réputation d'être un groupe délirant. Ça les a fait venir vite fait. C'est pas vraiment qu'on essaye de faire des trucs dingues, mais on sait avoir des idées idiotes et convaincre les autres de nous aider. On est les chefs de la bande, surtout mon meilleur copain ; il adore faire la loi. Ça m'est égal de faire ce qu'il me dit, du moment que ça a l'air marrant. En tout cas, c'est moi qui ai la plupart des idées. C'est moi qui réfléchis sur la façon de faire avancer les choses, mais mon copain est meilleur pour convaincre les autres.
On est six à être le noyau de la bande, et il y en a plein d'autres qui se donnent un mal fou pour être comme nous. Il y en a qui se débrouillent. C'est juste qu'on n'essaye pas d'être quelque chose, on « est » tout simplement, et les autres ont parfois du mal à suivre. Pourtant mes amis aiment bien les regarder essayer. Ça m'énerve parfois. C'est comme si on avait un groupe de copieurs en train de nous singer.
Les six, on s'entend bien. On est tous vraiment différents et on se demande parfois ce qu'on se trouve les uns aux autres. Quelqu'un à qui parler, je suppose. Pour la plupart d'entre nous, nous ne parlons pas de nos vies à nos parents. Ils ne comprendraient pas et on devrait mentir, alors pourquoi s'en faire ? Mais on peut se parler entre nous. On aime bien s'imaginer comme une famille. Quand on est ensemble, personne ne nous touche, personne n'ose même nous approcher. Et ça aide bien avec les filles. »

Appartenir à un clan permet aux adolescents de prendre assez de distance par rapport à leur famille pour découvrir leur monde à eux. D'un autre côté, la plupart des groupes font peser une énorme pression sur un adolescent pour qu'il s'y conforme, et cela peut inquiéter les parents de voir que leur adolescent est incapable de résister à l'influence d'un ensemble. En définitive, nous espérons tous que les adolescents vont acquérir la force et le sentiment de leur identité individuelle pour se forger leurs propres valeurs et jugements.

La pression pour être conforme

Parce qu'ils se sentent fragiles dans leur identité et qu'ils manquent d'assurance, de confiance en eux, certains adolescents peuvent se sentir poussés à faire des choses qui, normalement, les mettraient mal à l'aise. Ils peuvent faire semblant d'être « cool » ou « durs », de façon à se faire remarquer et accepter par le groupe.

> « Le groupe vous donne une structure, vous savez toujours qui va vous appeler, la façon de faire les choses, ce que vous allez faire le samedi soir, explique Aurélie, 17 ans. D'un côté, vous vous sentez en sécurité parce qu'on ne peut pas vous toucher quand vous êtes dans un groupe. Mais c'est terrifiant de penser que vous pourriez en être exclu. Il y a un noyau auquel on ne peut pas toucher et il y a ceux qui tournent autour, qu'on traite comme des chiens mais qui espèrent être admis. Si vous n'avez pas un petit copain avec qui vous couchez, on vous fait sentir qu'il vous manque quelque chose. Les autres filles parlent entre elles de ce qu'elles ont fait et vous disent que vous êtes un bébé, que vous ne pouvez pas comprendre. Cela fait mal quand elles disent ça. C'est un mystère dont vous vous sentez exclue. »

Aurélie décrit bien la sécurité que cela apporte d'appartenir à un groupe, mais aussi la peur d'être rejetée et les pressions implicites pour avoir des aventures sexuelles sans en avoir vraiment envie.

Être à l'écart

Un adolescent sensible et intelligent peut arriver à préserver sa dignité malgré l'exclusion du courant principal du groupe. Mais c'est au prix d'un gros effort. Ainsi, Samuel nous dit ce que cela lui coûte de ne pas se « conformer » au groupe, et comment il doit camoufler ses sentiments de peur de montrer à quel point celui-ci compte pour lui.

> Samuel, à 16 ans, n'a pas la permission de ses parents de sortir le soir avec son groupe d'amis. Il sent donc qu'il n'en fait pas totalement partie. Il dit : « Je suis à l'écart et j'ai développé une image d'excentrique. À mon âge, si vous êtes à l'écart, soit vous êtes ridicule et on se moque de vous en vous traitant de "pédé" et de ringard, soit vous êtes traité comme quelqu'un d'original, et c'est ce que j'essaye de faire. Mais je joue encore un rôle. Je sens que je dois endosser le rôle de quelqu'un qui se fiche de ce que les gens pensent de lui. C'est une position qu'il faut tenir en gardant une certaine réserve, une certaine distance par rapport aux gens, et en ne laissant pas les gens vous deviner. Les types de ce groupe se vantent à propos des filles et de la défonce mais ils n'ont pas un sens fort de leur identité en dehors des activités du groupe. Ils se vantent à propos des filles mais ils ont peur de tout engagement affectif. Je suis assez fort pour ne pas étaler mes vêtements ou mon physique, mais je fais de la musculation et je suis fier de moi. »

En tant que parents, il se peut que vous remarquiez que votre adolescent s'habille et se comporte de façon excentrique. Même si son apparence et son comportement paraissent provocateurs, cela montre peut-être un effort désespéré, comme dans l'exemple de Samuel, pour gagner la reconnaissance des jeunes de son âge, et cela est capital pour lui.

Les sorties, l'alcool

De plus en plus d'adolescents pensent que se distraire et prendre du plaisir consiste à sortir le samedi soir en boîte ou à une fête et à se saouler. Beaucoup ont l'impression qu'en buvant ils montrent qu'ils sont « cool » ou des « durs » et qu'ils seront ainsi acceptés comme un des membres du groupe. Mais, au fond, ils ont souvent le sentiment de ne pouvoir faire face à leur peur de la solitude, de ne pas être conformes socialement, physiquement et sexuellement, et ils craignent l'exclusion du groupe. Ils essayent d'échapper à ces peurs en buvant ou en prenant des drogues, sans réfléchir. Les adolescents ont besoin d'une grande force intérieure pour supporter ces angoisses.

Théo décrit son excitation et ses désillusions au cours d'une soirée : « Samedi soir, je suis allé en boîte. Ça vous libère l'esprit et vous donne l'impression de faire quelque chose. Vous vous agitez et vous dansez, vous accompagnez la musique, les lumières et la fumée. Tout le monde boit. Si vous ne buvez pas, vous restez conscient de vous-même, alors que vous avez envie de vous détendre avec de la musique forte, que vous voulez vous amuser comme les autres, que vous voulez rire avec les autres. Il y avait une fille vraiment mignonne. Je me suis assis à côté d'elle et on a parlé un peu. Je buvais. J'ai dû aller aux toilettes et la laisser un moment. Elle pouvait penser que je l'avais juste abandonnée. Quand je suis revenu, elle parlait avec un autre garçon. Il était DJ (disc-jockey) – ils l'adorent tous. Il a une voiture et de l'argent. Je suis resté debout, tout maladroit. Je n'avais plus qu'une envie, rentrer chez moi. Je ne m'amusais plus du tout. »

De toute évidence, Théo a envie d'échapper à lui-même. Il se jette dans l'alcool et la danse et il se sent très heureux de rencontrer une jolie fille. Cependant, cette phase « haute » est précaire. Quand ça ne marche pas, il se sent abandonné et déprimé.

Les drogues douces

Parler de hachisch ou de marijuana, se défoncer, être « parti », appartient à la « culture » de certains groupes. Comme pour l'alcool, le but est de se débarrasser de ses inhibitions et d'éprouver un sentiment artificiel de bien-être. Mais les effets sont assez imprévisibles et, loin de planer comme ils le voudraient, certains adolescents ont des humeurs plus sombres et le sentiment d'être désespérément coupés d'eux-mêmes et des autres.

> Théo, dont nous venons de parler, a fait ce commentaire en décrivant des gens à une fête : « Je suis monté et, là, ils étaient tous défoncés, dans le noir, sans parler, renfermés sur eux-mêmes. Ils se cachent, ils ne veulent pas penser ni parler à qui que ce soit. Ils essaient d'être quelqu'un d'autre, ils essaient d'être cool. »

Beaucoup de jeunes expérimentent des drogues douces sans pour autant devenir dépendants, mais certains le deviennent psychologiquement au hachisch ou à la marijuana. Ils commencent par fumer un joint le samedi soir, puis ont besoin petit à petit d'en avoir un peu tous les jours parce qu'ils n'arrivent pas à affronter la journée ou la nuit sans en prendre.

5 QUAND ÇA VA MAL

Nous allons voir dans ce chapitre quelques-uns des troubles plus graves qui peuvent survenir à l'adolescence. Nous sommes conscients que beaucoup de parents, et d'adolescents, sont très angoissés par l'idée de problèmes tels que les drogues dures, les troubles du comportement alimentaire et les tentatives de suicide. Nous espérons que les exemples suivants vous aideront à favoriser le dialogue entre vous et votre enfant en cas de problème grave. Dans tous les exemples cités, la situation était aggravée par une crise familiale et le sentiment d'isolement que cela entraînait chez les jeunes concernés. C'est cela que l'on peut éviter.

Les drogues dures

Nous connaissons tous les effets très dangereux des drogues dures. Elles dévastent la vie des gens à la fois physiquement et mentalement. Ceux qui consomment des drogues ne sont pas tous des toxicomanes, mais les gens peuvent petit à petit devenir dépendants de la drogue sans le savoir.

Émilie a lutté contre la drogue pendant un certain nombre d'années. Elle a fini par réussir à s'en sortir avec l'aide d'un thérapeute. Elle est maintenant heureuse et mariée, elle a un petit bébé. À 16 ans, elle se souvient qu'elle était brillante, sociable et réussissait très bien à l'école. C'est alors qu'elle est tombée dans le mauvais groupe, a commencé à se droguer et est devenue dépendante. Son père, dont elle était très proche,

est mort, et sa mère s'est remariée à un homme qu'Émilie n'aimait pas.
Émilie a écrit un récit de son expérience : « Nous savions tous que les drogues dures constituent une escalade inévitable vers la dépendance et l'excès ; elles montrent aussi que vous êtes tombé dans la mauvaise bande et, à 17 ans, c'est ce qui m'est arrivé. En fait, j'aurais dû le comprendre à cause d'un incident qui s'est produit au début de ma relation avec ce nouveau groupe d'amis. J'ai été invitée avec eux à ce qu'on m'avait dit être une fête d'anniversaire. Quelqu'un avait consacré beaucoup de temps aux préparatifs ! Sans le savoir, j'ai pris du hachisch (le gâteau d'anniversaire), de la mescaline (la sauce qui ressemblait à de la confiture et que chacun étalait généreusement sur le gâteau) et de la marijuana : un cocktail coloré inventé pour l'heureux événement ! J'ai passé les jours suivants à me remettre de mes hallucinations sous le regard étonné de ma mère qui semblait inquiète que j'aie tant de mal à me remettre d'une simple gueule de bois. J'en ai conclu que, même si cela me contrariait de ne pas avoir été prévenue des divers ingrédients qui composaient les festivités, j'étais intégrée à une bande drôle, artistique et intelligente, un peu hippie et inventive, et que les drogues n'étaient pas ces forces dangereuses qu'on imagine, cette pente glissante "mangeuse de vie". En fait, quand on les prenait "correctement", dans le seul but de s'amuser et d'être avec des amis, c'était certainement possible d'en maîtriser la consommation. Elles étaient un outil récréatif, exactement comme la boisson pour les bandes plus âgées. De plus, aucun de mes amis n'avait l'air d'un drogué. En fait, rétrospectivement, je me rends compte que la plupart étaient vraiment des toxicomanes, c'est-à-dire qu'ils étaient accros mais pas définitivement perdus. Pas de quoi s'inquiéter : nous étions un joyeux groupe qui s'amusait bien, le monde nous appartenait. Si, de temps en temps, nous manquions de résistance pour en profiter complètement (c'est-à-dire être capable de tenir toute la nuit à faire la fête et de survivre le jour suivant), on trouvait toujours un "ami" sympathique (un dealer déguisé en gentil garçon) où qu'on aille, pour nous fournir en drogues plus dures. Deux ans d'abus épisodiques m'ont finalement amenée aux propriétés "miraculeuses" des drogues dures. Mon rapport à

la drogue a été déterminé par les expériences du groupe initial et la pensée qu'on pouvait maîtriser à son gré même les drogues dures. En fait, les drogues semblaient convenir à n'importe quelles circonstances, festives ou non. Il était facile de se procurer des drogues illégales grâce aux "amis" dealers qu'il y avait partout, et pas seulement parmi les fêtards. À ce moment-là, j'avais 18 ans et j'avais essayé un grand nombre d'euphorisants, légaux ou non : cela m'était égal, du moment que j'avais ce qui me faisait fonctionner sans la moindre perte d'énergie (et sans que personne remarque ma dépendance discrète) pendant la journée et que je m'endormais le soir en ayant oublié. »

Se rendre compte que son propre adolescent n'est pas seulement en train d'échapper à la famille, mais qu'il est envahi par un mode de vie aussi destructeur, est le cauchemar de tout parent. Comme pour les autres problèmes dont nous avons parlé, **la première étape est d'essayer de parler avec votre enfant, de lui montrer que vous savez ce qui lui arrive** et de regagner une autorité parentale, tout en maintenant la communication avec lui, si possible, et en l'encourageant à être plus responsable de lui-même. Si la situation se révèle insoluble, n'hésitez pas à recourir à une aide et un soutien professionnels pour votre enfant. Il peut aussi vous être utile de demander l'avis d'un spécialiste sur la façon de gérer au mieux le problème. Vous trouverez à la fin du livre une liste d'organismes susceptibles de vous aider.

Les bandes et les groupes antisociaux

Certains groupes d'adolescents sont essentiellement basés sur la violence ; ils ressemblent plus à des gangs. Ils ne sont pas seulement provocateurs à la manière des adolescents, mais ils sont impliqués dans des actes de délinquance antisociaux, tels que la consommation et le trafic de drogues dures, le vandalisme, le vol, la violence, etc. En fait, « anti » est le mot d'ordre de ces groupes : prêts à s'attaquer à la croissance, au développement, à l'espoir. Pour appartenir à ce genre de groupe, les membres doivent se faire eux-mêmes violence, faire taire la part vulnérable et sensible de leur personnalité. Des griefs profonds, dont les racines remontent souvent à l'enfance, et un désir de revanche contre les figures parentales, semblent motiver les membres de la bande. Il peut arriver qu'un adolescent, amené à commettre des actes antisociaux, plonge de plus en plus dans le cynisme, alors qu'en fait il souhaiterait arrêter et sortir de l'emprise de la bande. Cela peut être très difficile parce que les meneurs, à la façon de la mafia, promettent une protection illusoire à leurs membres. À un niveau plus profond, le groupe antisocial promet de protéger de la difficulté de grandir et de la prise de conscience d'une vie affective.

Le « groupe » d'Émilie, dans l'exemple donné plus haut, se révéla être une « bande ». Les membres plus âgés, qui avaient organisé la fête d'anniversaire et qui consommaient déjà des drogues, prenaient un plaisir cynique à corrompre les plus jeunes. Bien qu'elle fût au début contrariée qu'on l'ait manipulée et trompée, Émilie avait petit à petit adopté les valeurs de la bande et succombé au monde de la drogue. Elle pensait pouvoir ainsi échapper à la souffrance que lui avait causée la mort de son père et à ses sentiments de colère et de trahison après le remariage rapide de sa mère avec un homme qu'elle détestait. Mais l'état d'euphorie et d'excitation induit par les drogues fut suivi d'une profonde dépression. Émilie arrêta ses études et devint totalement dépendante de la drogue car elle ne pouvait plus affronter le monde extérieur sans elle.

Si, dès le début, elle avait pu parler avec sa mère et partager les événements traumatisants qui avaient affecté leur vie, elle n'aurait pas eu besoin d'attendre d'avoir vingt ans pour chercher, avec l'aide d'un petit ami, une aide professionnelle et pour réussir à sortir avec beaucoup de difficultés de l'emprise de la bande et de la drogue.

Les troubles du comportement alimentaire

Les adolescents peuvent non seulement avoir des lubies alimentaires, mais aussi être extrêmement changeants dans leurs habitudes : ils sont capables de manger de façon excessive parfois et de sembler à d'autres moments se désintéresser totalement de la nourriture. Ces variations sont différentes des troubles graves du comportement alimentaire qui peuvent survenir.

Un nombre croissant d'adolescents, et de filles en particulier, souffrent de troubles du comportement alimentaire. Dans les cas de boulimie ou d'anorexie, ils sont irrésistiblement obsédés par la nourriture : organiser les repas, ingurgiter d'énormes quantités de nourriture ou réfléchir à la façon de réussir à ne pas manger tout en faisant semblant de le faire. Nourrir a d'abord pour fonction de maintenir en vie. Comme la nourriture est le support par excellence de la relation « nourrissante », au sens large par déplacement, elle peut avoir d'autres fonctions. Pour les boulimiques, la nourriture est utilisée comme un réconfort, comme une façon de remplir un sentiment de vide, ou peut-être en réaction à un sentiment de dégoût de soi. Habituellement, après s'être gavé, on ressent du dégoût pour soi, une envie de se punir et on vomit, pour rester mince. En fait, rester mince semble être une obsession pour la plupart des jeunes filles qui souffrent de troubles du comportement alimentaire. Les filles sont perpétuellement bombardées d'images de mode dans les médias, qui font la promotion de corps éthérés, maigres et faméliques. La plupart des adolescentes sont complexées, très malheureuses, et portent un regard très critique sur la forme de leur corps, qui est loin de l'image parfaite à laquelle elles sont confrontées et à laquelle elles aspirent. Elles sont amenées à croire que posséder ce corps idéalisé est la clé de l'acceptation, du bonheur, de l'amour et du succès. Il n'est donc pas surprenant qu'elles soient capables de se mettre à un régime très strict pour rentrer dans un maillot de bain ou aller à une fête importante. Cela peut être le début d'une spirale descendante dans laquelle l'adolescente veut perdre de plus en plus de poids. Elle ne voit habituellement pas cette perte extrême comme un problème, puisqu'elle a une vision déformée de son corps. Souvent, les filles qui ont des troubles du comportement alimentaire ne supportent pas d'affronter les sentiments et les émotions suscités par les bouleversements de l'adolescence. Elles les trouvent impossibles à gérer et essaient de les éviter en tentant de contrôler leur propre corps.

Béatrice était indépendante depuis qu'elle était petite et avait toujours été considérée comme une fille ambitieuse qui s'en sortait bien. Elle avait eu, à 18 mois, un petit frère qui, souffrant à la naissance d'une maladie congénitale, avait dû subir plusieurs opérations. Pendant un certain temps, les parents de Béatrice n'étaient pas sûrs qu'il survivrait. Béatrice fut d'abord déprimée, sentant que sa mère était comme émotionnellement indisponible pour elle, mais elle se remit rapidement, arrêta d'être exigeante et entra avec plaisir à l'école maternelle. À 15 ans, c'était une jolie fille appréciée et brillante, qui avait d'excellents résultats dans les matières scolaires et en sport, qui aimait la compétition et travaillait bien et sérieusement. Elle commença à sortir avec un garçon qui lui fit une fois avec légèreté la remarque qu'elle était un peu boulotte. Béatrice décida aussitôt de suivre un régime et de devenir aussi mince que sa meilleure amie. Au bout de quelques semaines, elle fut très contente de voir qu'elle avait perdu des kilos et décida d'en perdre un peu plus. Elle devint progressivement incapable d'arrêter de faire des régimes. Compter les calories et perdre des kilos était une sorte de drogue. Elle cachait cette obsession du régime à sa famille et jusqu'à un certain point à elle-même, car elle n'y voyait aucun problème. Elle perdit petit à petit tout intérêt, sauf pour la nourriture et la façon de l'éviter. Elle avait l'impression d'avoir une maîtrise totale, sauf quand elle se sentait déprimée et craignait de « devenir folle ». Elle commença à mener une double vie. Extérieurement, elle s'en sortait allégrement, mais sa vie était remplie de mensonges, de tromperies, de calculs interminables et de manipulations, choses qui ne lui ressemblaient pas du tout.

Consciente que sa mère avait commencé à s'inquiéter pour elle, mais que ses deux parents étaient trop occupés par leur travail et n'avaient peut-être pas très envie d'affronter la vérité sur le cours de sa maladie, Béatrice trouva le moyen de faire semblant de dîner le soir en famille et d'aller vomir ensuite. Sinon, elle prévoyait soigneusement des joggings pour perdre des calories.

Chaque fois que sa mère s'angoissait et l'interrogeait sur sa perte de poids, Béatrice la rassurait en lui disant qu'elle contrôlait la situation et mangeait parfaitement bien. Quand il lui arrivait de s'inquiéter de son habitude compulsive, de sa perte de poids et de sa faiblesse croissante, ses doutes se dissipaient en se regardant dans la glace. Bien qu'elle fût alors extrêmement maigre, elle voyait son corps comme « obscènement gros ». Ses résultats à l'école avaient commencé à baisser. Béatrice avait de plus en plus de mal à se concentrer. Finalement, elle se confia à une amie qui, très inquiète, en parla à un professeur, et ce fut un membre de l'équipe éducative qui finit par appeler les parents de Béatrice pour leur faire part de son inquiétude à son propos. Les parents de Béatrice étaient alors très inquiets de son état, mais ils avaient beau l'exhorter, la gronder ou même la menacer de la priver de vacances, cela semblait n'avoir aucun effet. Il n'était pas question qu'elle arrête de s'affamer. Dévorée d'inquiétude, la mère de Béatrice l'envoya consulter un psychiatre spécialisé dans les troubles du comportement alimentaire qui l'hospitalisa dans un service spécialisé. On proposa une psychothérapie individuelle et des entretiens pour ses parents. Au bout de six semaines, elle put quitter le service parce que ses parents étaient capables de l'aider à la maison pour ses problèmes d'alimentation. Mais elle et ses parents continuèrent leurs séances régulières dans le service, cherchant ce qui pouvait être à l'origine de ses troubles.

Depuis sa petite enfance, Béatrice avait toujours été une fille débrouillarde, autonome et indépendante. À la naissance de son petit frère, toute l'attention de ses parents avait été absorbée par leur angoisse qu'il ne survive pas et elle n'exprima pas vraiment sa jalousie, sa colère et sa souffrance. Ses sentiments n'avaient jamais été reconnus ou considérés. Sa personnalité semblait construite sur le fait d'avoir une totale maîtrise, d'être ambitieuse, sans vraiment être en contact avec ses sentiments. Béatrice, accablée par les angoisses liées à l'adolescence, semblait avoir peur de devenir une « femme », obnubilée par l'idée d'être « belle et mince ». Elle était obsédée par l'envie de contrôler son corps, mais ces obsessions avaient pris le contrôle de sa vie. Ses parents avaient mis longtemps à remarquer ce qui se passait, peut-être parce qu'ils ne pouvaient pas supporter l'idée que leur fille, si brillante, était devenue très malade.

Les troubles du comportement alimentaire peuvent mettre en danger de mort. Il est important d'en reconnaître les signes le plus tôt possible si vous remarquez que votre fille maigrit trop ou devient obsédée par les régimes.

Les tentatives de suicide

Les tentatives de suicide chez le jeune adolescent peuvent provenir d'un sentiment sous-jacent d'isolement, d'inutilité et de dépression, mais ce sont souvent des actes impulsifs, déclenchés par des incidents qui pourraient sembler très anodins à quelqu'un d'extérieur. Elles sont en général un signal d'appel. L'élément déclencheur peut être une dispute, un malentendu, un problème à l'école ou une rupture avec un ami, et provoquer des sentiments d'impuissance, de colère et de désespoir.

Sébastien était un garçon de 15 ans très timide et sensible. Ses parents s'étaient séparés quand il avait 4 ans. Sa mère s'était remariée quand il en avait 10, mais elle et son nouveau partenaire ne s'entendaient pas bien et il était témoin de nombreuses disputes. La mère de Sébastien, bien qu'attentive à son fils, était très prise par son travail et sa vie privée. Elle avait été proche de lui quand il était petit, mais elle avait eu du mal à remarquer qu'il avait commencé à changer et à se développer ces dernières années de manière subtile. Comme elle avait perdu le contact avec l'adolescent qu'il était devenu (et elle n'était pas aidée par le tempérament secret de son fils), leur relation n'était plus si intime ni compréhensive. Sébastien et son beau-père étaient également devenus assez distants l'un de l'autre. Il avait tout particulièrement du mal à supporter que son beau-père boive trop et fasse tout le temps des reproches à sa mère. Sébastien devint un adolescent solitaire et il passait de longues heures à rêvasser dans sa chambre. Il était passionné de cinéma, surtout des vieux films classiques américains. Son argent de poche passait dans les séances de cinéma avec son seul copain, Arnaud. Il essayait parfois d'écrire des scénarios de films et rêvait pendant des heures de devenir acteur ou metteur en scène, mais se désespérait alors de ce que son physique dégingandé et maladroit ne ressemble en rien à celui de son héros, Marlon Brando. Sexuellement, il se sentait perdu, ne sachant pas vraiment s'il était attiré par les hommes ou par les femmes. Il avait honte de son secret caché et avait bien du mal à en parler. À l'école, il restait seul, n'appartenait à aucun groupe. En fait, il y avait dans sa classe un groupe de garçons qui rabaissait les autres en les insultant. Ils se moquaient de Sébastien et l'avaient plusieurs fois traité de « pédé » parce qu'il détestait les jeux brutaux. Il se sentait blessé et fou de rage et commençait à refuser d'aller à l'école. Sa mère avait de plus en plus de mal à le sortir du lit. Un jour, elle se fâcha violemment contre lui, inquiète d'arriver en retard à son travail. Elle hurla et lui dit qu'il était un bon à rien comme son père. Après le départ de sa mère et de son beau-père au travail, Sébastien resta seul à la maison. Il avait le sentiment que la vie n'avait aucun intérêt et il se sentait plein de dégoût pour lui-même et de répulsion envers sa mère, son beau-père et l'école, qui semblaient tous confirmer son sentiment d'inutilité. Il avala cinquante comprimés de paracétamol. Sa mère le trouva plus tard dans la journée et rechercha aussitôt une aide appropriée.

Dans ce cas, comme dans la plupart des tentatives de suicide, l'acte désespéré de Sébastien était une tentative pour attirer l'attention sur son état critique. Pour Sébastien, le fait d'attenter à sa vie lui a permis d'entrer en contact avec quelqu'un qui a pu l'écouter et réfléchir avec lui sur la longue spirale descendante qui l'avait finalement amené à cette tentative.

Un geste suicidaire peut n'être jamais répété, mais il doit toujours être pris au sérieux, et c'est avec des professionnels qu'il faut en rechercher les causes. Si un adolescent met sa vie en danger de façon répetée, c'est un signe évident qu'il faut consulter un professionnel de toute urgence.

6
L'ADOLESCENT ET LA SEXUALITÉ

Le caractère unique du développement du corps de chaque adolescent peut provoquer beaucoup d'angoisse. Les adolescents se posent plein de questions sur leurs corps : Est-il normal ? Est-il bien masculin ou bien féminin ? Est-il trop gros ou trop maigre ? Est-il agréable à regarder ? Se développe-t-il assez vite ? Comment est-il, comparé aux autres ?

La métamorphose du corps

Par moments, ces questions semblent si pressantes que les adolescents se sentent accablés. Ils deviennent comme étrangers à eux-mêmes, à la merci de changements physiques qui ont l'air de se dérouler malgré eux. Parfois, ils se sentent fiers de ces changements et passent des heures à contempler leur reflet dans la glace, scrutant et admirant ce qu'ils voient. Pourtant, plus fréquemment, l'image qu'ils voient est loin de ressembler à ce qu'ils voudraient être.

Les adolescents sont parfois obsédés et tourmentés par la plus petite imperfection sur leur visage. Ils peuvent avoir l'impression qu'un petit défaut (comme un bouton) sera vu par tout le monde, comme une preuve qu'il y a vraiment quelque chose qui ne va pas dans leur corps, et donc dans leur personne tout entière.

Jessica est une jolie adolescente de 16 ans. Elle pleure toutes les larmes de son corps et pousse sa famille à bout chaque fois qu'elle a quelques boutons sur la figure. Elle refuse de sortir de la maison malgré les supplications de sa mère. Il semble y avoir une voix profondément critique à l'intérieur d'elle-même qui lui dit que, si elle n'est pas parfaite, il vaut mieux qu'elle ne se montre pas. Le bouton, dont elle a l'impression qu'il la défigure, exprime la peur, si elle n'est pas parfaite, sans défaut, de n'être qu'un détritus avec quelque chose de monstrueux en elle qui lui est insupportable, à elle aussi bien qu'aux autres.

Tandis que Jessica ne peut pas supporter le reflet qu'elle croise dans le miroir et qu'un simple bouton prend des proportions dramatiques, une autre fille, Juliette, essayait d'échapper à une image négative d'elle-même en imaginant qu'un photographe qui approchait les plus belles femmes du monde tombait amoureux d'elle plutôt que d'un de ses modèles. À 17 ans, Juliette, en revoyant et en réfléchissant à comment elle se sentait à 15 ans, disait : « À 15 ans, j'avais de ces passions longues et secrètes pour des garçons plus âgés que je n'osais pas aborder. Mais mon rêve était de sortir avec un homme beaucoup plus âgé qui serait un artiste photographe à la mode et me ferait entrer dans le monde des boîtes de nuit et des mannequins. Je voulais être à l'intérieur de ce monde-là, au-dessus de mes anciennes amies. »

Juliette n'était en fait pas sûre de son apparence physique ni de son identité. Elle avait l'impression que la seule façon de s'affirmer était d'être au-dessus des autres filles. Elle voulait être la plus belle et la plus branchée de toutes ses amies. Elle rêvait d'être choisie par un photographe de mode pour sa beauté. Pendant que Juliette traversait cette période, ses parents la trouvaient agaçante et manquant d'assurance, mais avec l'esprit de compétition et de l'arrogance. À 17 ans, Juliette semblait plus confiante et moins égocentrique. Elle s'était fait des amies et avait développé des intérêts qui n'étaient plus centrés sur l'importance de son apparence et ses effets sur les amies de son âge.

Le souci assez typique que l'adolescent a de son apparence comparée avec celle du reste de son groupe d'âge était très évident chez Frédéric.

À 15 ans, Frédéric était convaincu qu'il était le seul de sa classe à être circoncis. Il aimait beaucoup les matchs de football, mais devait mettre au point toute une série d'excuses très élaborées pour ne pas prendre de douche après. Il s'asseyait sur un banc près des douches, caché des autres garçons et, de sa place, il les inspectait pour voir si l'un d'entre eux était circoncis, afin de décider s'il pouvait se permettre de prendre lui-même une douche.

Chez Frédéric, on peut observer la honte et la timidité que certains adolescents éprouvent quand ils se sentent eux-mêmes différents des jeunes de leur âge. L'inquiétude de montrer ses parties génitales, en particulier, et de s'exposer à être ridiculisé par ses amis peut l'empêcher de faire du sport à l'école ou d'aller à la piscine.

La curiosité sexuelle

Les sentiments et les fantasmes qui peuvent être à l'origine des incursions d'un adolescent dans le monde de la sexualité des adultes sont extrêmement complexes. Le récit d'Amélie nous en donne quelques indices :

Amélie, 17 ans, se souvient des années précédentes : « À 15 ans, ma préoccupation principale était que tout le monde m'aime. Je pensais que j'étais très laide. Je refusais de sortir, en partie parce que je me sentais trop laide, mais en même temps je m'apitoyais sur mon sort. Très souvent, je réagissais de façon excessive. J'étais bloquée par mes propres craintes même si, en profondeur, je ne me sentais pas si laide que ça. Je n'aimais pas les garçons de 15 ans ; ils étaient excités, collants, ils sentaient mauvais, ils essayaient toujours de vous embrasser. J'étais excitée par les hommes, curieuse, très flattée et effrayée quand ils me regardaient. Ma préoccupation principale était le sexe. Faire l'amour devait être un moyen de savoir ce que c'était que d'être une femme. Les secrets du monde adulte me seraient révélés. À la fin de ma seizième année, je suis tombée amou-

> reuse de Vincent et je lui ai demandé de coucher avec moi. J'étais incroyablement curieuse. Quand nous avons fait l'amour, je n'ai rien senti. Et puis je suis allée un peu plus tard dans le lit de ma mère et j'ai dormi là. Je sentais que j'avais besoin d'être près d'elle. »

Pour Amélie, l'envie de coucher avec Vincent peut partiellement avoir été motivée par un besoin très précoce d'être aimée et acceptée, en dépit de ce qu'elle percevait comme sa laideur, aussi bien que par fascination pour le monde mystérieux et clos des adultes, la seule clé pour y accéder semblant être l'acte rituel de la perte de la virginité. Cependant, elle ressentit alors le besoin de passer une nuit dans le lit de sa mère, cherchant chez celle-ci, comme un enfant effrayé, la chaleur, la sécurité et le confort.

La masturbation

Il est courant pour beaucoup d'adolescents de se masturber. La masturbation peut soulager des excitations et des pulsions sexuelles refoulées. Elle est souvent accompagnée de fantasmes de rencontres sexuelles avec des partenaires de leur choix et une sorte de toute-puissance enfantine peut dominer ces fantasmes. La masturbation, quand elle est accompagnée de ce genre de fantasmes d'excitation intense, est parfois suivie de sentiments de confusion ou de dépression. Cependant, ces fantasmes peuvent aussi être d'un genre plus agréable et plus tendre. Il semble que les garçons vivent plus fréquemment que les filles le sentiment d'être possédés par des pulsions sexuelles agressives.

La rencontre amoureuse

Quand les adolescents tombent amoureux, ils sont souvent si profondément troublés par l'intensité de leurs sentiments qu'il leur est impossible de dormir, de manger ou de se concentrer sur quoi que ce soit d'autre. Dans leurs rêveries, ils imaginent des situations, des scénarios différents dans lesquels ils se retrouvent avec l'être aimé. Les adolescents apportent tous leurs fantasmes et toutes leurs aspirations dans cette nouvelle relation. Cela exprime souvent un besoin intense de retrouver un objet idéalisé, souvent la mère de la petite enfance avec laquelle l'enfant ressentait l'union parfaite ou y aspirait. Il y a une recherche d'intégrité, de beauté, une attente de quelqu'un qui les comprenne sans mots, qui les soutienne et les accepte complètement. Cette aspiration à un paradis perdu ne disparaît jamais complètement. Cependant, l'intensité débordante de ces sentiments chez les adolescents peut être inquiétante et effrayante, non seulement pour la famille, mais pour eux-mêmes, parce qu'elle semble absorber toute leur énergie et régir leur vie. Quand la relation entre deux jeunes gens se développe au-delà de l'étape du coup de foudre, ils peuvent commencer à essayer de se connaître comme des personnes réelles ayant des sentiments et des besoins sincères.

Sandrine, 16 ans, était une jolie fille calme, mais elle avait le sentiment profond de manquer de confiance en elle. Elle était très attachée à son père qui avait cependant quitté la famille pour aller vivre avec une jeune femme quand Sandrine avait 14 ans. Elle rencontra Romain dans une association de jeunes et ils tombèrent amoureux. Elle le trouvait merveilleux : grand, beau, de compagnie agréable – et elle avait le sentiment qu'il la protégerait. Quelques mois plus tard, il partit à l'université dans une autre ville. Sandrine était très triste et craignait qu'il ne tombe amoureux d'une autre fille. Ils s'écrivaient et se téléphonaient toutes les semaines. Un jour, au téléphone, Romain parla d'une fille qui suivait les mêmes cours que lui et avec laquelle il travaillait. En réponse aux questions très soupçonneuses et inquiètes de Sandrine, Romain la rassura en lui disant que c'était juste une amie étudiante et que, de toute façon, elle avait un petit copain. Paniquée, Sandrine n'arrivait tout simplement pas à le croire. Elle voyait, dans son imagination, toutes ses craintes de trahison confirmées et croyait qu'il ne l'aimait plus. À la grande frayeur de sa mère et de sa petite sœur, elle se mit au lit, se déclara malade et pleura pendant plusieurs jours. Elle avait toujours été une élève consciencieuse, mais déclarait tout d'un coup que les études ne l'intéressaient plus. Elle disait qu'elle n'avait goût à rien. Les coups de téléphone de Romain ne lui remontaient pas le moral. Cependant, quand Romain rentra chez lui à la fin du trimestre pour les vacances et qu'ils se revirent, elle se rendit compte que les sentiments qu'il avait pour elle n'avaient pas changé et qu'elle s'était fait un mauvais scénario dans sa tête. Pour la première fois, ils se parlèrent vraiment des sentiments qu'ils avaient l'un pour l'autre et de ce qu'avait signifié pour eux la séparation. Romain admit qu'il s'était senti jaloux d'une relation que Sandrine avait avec un garçon de sa classe. Quand il dut repartir à l'université, ils pleurèrent tous les deux et partagèrent leurs sentiments d'insécurité et de crainte de savoir s'ils seraient fidèles et s'ils s'attendraient l'un l'autre.

S'ils ont pu commencer à se faire confiance, c'est parce qu'ils avaient osé se montrer leurs côtés vulnérables et donc avoir une image moins idéalisée de l'autre.

L'homosexualité

Comme nous l'avons vu, l'adolescence est une période changeante et passionnée. Les adolescents sont attirés par des idées et des gens différents. C'est vrai des problèmes sexuels comme des autres problèmes abordés dans ce livre. Il est important de s'en souvenir quand on essaie de résister à la pression d'étiqueter son enfant, même quand on se trouve confronté au fait qu'il soit homosexuel (« gay » ou lesbienne). Il n'est pas rare que de jeunes adolescents se sentent sexuellement excités en présence d'une personne du même sexe. Ils peuvent, ou non, agir suivant cette attirance, mais cette expérience peut provoquer des sentiments confus et troublants. Dans des endroits tels que des pensionnats non mixtes où les relations fortuites avec l'autre sexe sont rares, ce genre de situation est plus susceptible de se produire. Le plus souvent, cette expérience n'aura pas d'effet durable sur leur identité sexuelle ou le choix de leurs futurs partenaires. Cependant, certains découvriront qu'ils continuent à préférer des partenaires du même sexe. Quels que soient vos sentiments ou vos réactions, si votre adolescent déclare son homosexualité et vous le fait savoir ou vous donne des raisons de croire que c'est ainsi, votre compréhension et votre affection ne peuvent que lui être utiles.

Échecs et ruptures dans les relations

Quand une relation amoureuse échoue ou quand les sentiments ne sont pas réciproques, les adolescents tombent parfois dans un abîme de désespoir et de colère. Ils ont le sentiment que la vie est finie, qu'ils n'aimeront et ne seront plus jamais aimés, exprimant ainsi leur peur la plus profonde, à savoir qu'ils ne sont pas « aimables », pas assez bons. La rupture réveille les peurs et les jalousies enfantines, à l'époque où l'enfant se sentait exclu ou non désiré par l'un ou l'autre parent. Il est important que, en tant que parents, nous prenions au sérieux ces sentiments, que nous écoutions et essayions de parler. Cela peut être douloureux parce que cela touche à nos propres déceptions, désillusions et relations ratées.

Les adolescents ont une façon très dramatique de faire ressentir à leurs parents l'intensité de leurs émotions. Dans l'exemple donné plus haut, Sandrine avait exprimé sa dépression en restant couchée. C'était peut-être une tentative pour attirer l'attention de sa mère et l'expression concrète de son besoin profond qu'on s'occupe d'elle à ce moment-là. Le fait que sa mère comprenne son besoin de consolation et de réconfort aida sûrement Sandrine à supporter et à intégrer les sentiments pénibles associés à ce qu'elle avait perdu dans le passé et à sa dépression présente.

La contraception

Quelles que soient nos convictions personnelles, il est important de savoir qu'on ne peut pas contrôler les adolescents par l'interdiction. On oublie facilement qu'ils grandissent dans un environnement différent de celui de leurs parents et qu'ils ont donc des espérances et des pressions différentes. Il est primordial d'être capable de conserver dans la famille un climat qui permette de réfléchir et de discuter, sans porter de jugement sur les problèmes liés à la contraception ou aux maladies sexuellement transmissibles. On peut avoir l'impression que nos enfants ont reçu cette information par des cours d'éducation sexuelle, des amis ou les médias. Mais aujourd'hui, plus que jamais, à cause du danger du sida, il est important que les adolescents sachent se protéger, eux et leurs partenaires.

Sophie avait rencontré Benoît dans une fête alors qu'elle avait 16 ans et lui 23. Elle avait été très impressionnée par l'âge de Benoît, son assurance et son charme. Quand ils couchèrent ensemble quelques semaines plus tard, Benoît convainquit Sophie que le préservatif gâcherait leur intimité et l'assura qu'il « ferait attention ». Sophie, qui n'utilisait pas d'autre moyen contraceptif parce que c'était sa première expérience sexuelle, ne voulut pas gâcher ce qu'elle sentait être le grand moment de sa vie par des préoccupations vulgaires sur la grossesse et les maladies sexuellement transmissibles.

Quand Sophie rentra chez elle au petit matin, se sentant maintenant une jeune femme libre, elle trouva ses parents qui l'attendaient, débordant d'inquiétude et de colère. Ils se fâchèrent parce qu'elle n'avait pas appelé. Quand ils apprirent où elle était, ils furent bouleversés que leur petite fille, comme ils la voyaient encore, ait franchi cette étape. Sa mère demanda à Sophie si elle s'était protégée : Sophie admit allégrement que non. Sa mère se mit à hurler et dut se retenir pour ne pas la frapper. Elle se rendit compte cependant qu'il était vital de garder la confiance de Sophie si sa fille devait se confier à elle plus tard. Elle l'emmena chez le médecin pour lui demander conseil et aide et elles furent toutes les deux très rassurées quand il suggéra que Sophie prenne la « pilule du lendemain ». Elles eurent ensuite une longue conversation sur la contraception et purent parler de leurs sentiments sur ce qui était arrivé cette nuit-là.

Comme le montre cet exemple, le problème global des relations sexuelles et de la contraception est très chargé pour les adolescents comme pour les parents. Non seulement c'est important que les adolescents soient convaincus de la nécessité de se protéger, mais s'ils oublient leur décision raisonnable « sur le moment », ils devraient être suffisamment confiants pour venir en parler librement, même si c'est difficile.

La grossesse

Une grossesse non prévue chez une adolescente peut être accidentelle, mais c'est souvent le résultat du désir inconscient d'avoir un bébé. Cette envie de bébé peut venir du désir de donner et de recevoir de l'affection, et cela est particulièrement aigu chez les adolescentes qui ont le sentiment de manquer d'amour, d'affection et se sentent incapables. Elles peuvent espérer que seul un enfant apportera l'amour mais aussi du sens à leur vie. En s'occupant de son bébé, l'adolescente peut avoir l'impression de pouvoir échapper à ses propres sentiments de vulnérabilité et de manque et d'éviter de lutter pour vivre. En pouponnant son nourrisson, elle peut, par l'intermédiaire de son bébé, materner le bébé qui est en elle. Les adolescentes qui ont de très jeunes mères tombent souvent enceintes à l'âge où leur mère a eu son premier enfant.

Il est très important pour l'adolescente enceinte qu'on la laisse décider elle-même si elle veut ou non garder l'enfant. Elle peut avoir besoin d'aide et de soutien pour essayer de prendre cette décision difficile, d'explorer ses désirs réels et ses conflits et de voir si elle se sent capable, ou non, de s'occuper d'un bébé.

Pauline était une fille de 16 ans calme et réservée, qui avait été adoptée dans sa petite enfance. À l'inverse des camarades de son âge, elle ne fréquentait pas particulièrement des bandes ou des groupes. Mais, à l'âge de 16 ans, elle eut une histoire avec un garçon, alors qu'elle avait été jusqu'alors plutôt timide avec les garçons. Elle tomba rapidement enceinte et décida fermement de garder le bébé. Sa mère adoptive était très sensible à son désir de garder l'enfant, bien qu'elle fût déçue et, sur bien des plans, inquiète que Pauline soit enceinte aussi jeune. Elle soutint Pauline de façon à lui permettre d'être une mère et de poursuivre ses études.

Dans ce cas précis, on peut peut-être comprendre la résolution de Pauline de garder et de s'occuper de son bébé comme le désir de donner à son enfant un début dans la vie qu'elle n'avait pas eu elle-même.

Si les adolescents, filles et garçons, étaient mieux informés des besoins réels d'un bébé, ils pourraient manifester une attitude plus réfléchie et plus responsable envers la grossesse. Il nous paraîtrait essentiel que les programmes scolaires abordent suffisamment en profondeur le développement des bébés et des enfants, ainsi que les principes d'éducation.

L'avortement

Quand une adolescente décide d'interrompre sa grossesse et choisit l'avortement, elle peut ressentir toutes sortes d'émotions différentes. Certaines filles se sentent soulagées, tandis que d'autres ressentent un sentiment de culpabilité, de regret et de dépression. La plupart du temps, elles traversent un mélange de toutes ces émotions, et c'est important qu'elles se sentent soutenues et comprises pendant cette période pénible. Quand une fille se sent si coupable d'avoir avorté qu'elle a un sentiment de dépression qui se prolonge, il faut demander de l'aide ; pour d'autres, cette expérience n'est pas traumatisante et elles parviennent à l'oublier.

La multiplication des partenaires sexuels

Il est assez courant que les adolescents changent beaucoup de partenaires. Cela peut faire partie du style de vie de leurs amis et être dû aux pressions du « groupe ». La recherche de nouveauté peut faire partie d'une expérimentation excitante et un peu folle de la vie et de la sexualité. À travers ces changements fréquents de partenaires, les adolescents peuvent aussi exprimer la peur de l'intimité et de l'engagement. Ils peuvent également montrer leur besoin d'avoir la maîtrise : ils vont changer de partenaire ou le laisser tomber quand ils en ont envie, pas l'inverse. Que l'adolescent multiplie les partenaires de manière compulsive peut indiquer chez lui des angoisses ou un conflit sous-jacent avec ses parents. Les adolescents peuvent dire quelque chose comme : « Quand j'étais petit, vous vous amusiez et j'étais automatiquement exclu. Maintenant c'est mon tour, et vous ne pouvez rien faire. »

Aline, à 16 ans, décrivait à son cousin de 23 ans ce qu'elle appelait sa liberté sexuelle, chose qu'elle cachait soigneusement à ses parents : « Le samedi soir, je me saoule en boîte et je couche avec des mecs. C'est pas grand-chose de faire l'amour, je n'ai aucun sentiment pour le type avec lequel j'ai une relation. J'aime sentir l'excitation. »
Bien qu'Alice racontât cela d'un ton provocateur, elle était assez inquiète intérieurement de son imprudence et avait envie que quelqu'un l'aide à arrêter. Elle ajouta plus tard qu'elle dormait mal la nuit. Depuis qu'elle était petite, il lui fallait une lumière toute la nuit pour dormir et elle devait souvent aller dans la chambre de ses parents pour se rassurer. Elle se sentait angoissée et avait des cauchemars de mort soudaine. Aline parla assez facilement à son cousin qu'elle pensait plus raisonnable qu'elle, mais qui, en même temps, n'était pas une image de l'autorité. Le sentiment qu'Alice se mettait en danger physiquement et émotionnellement inquiéta son cousin qui réussit finalement à la convaincre de parler à sa mère de son comportement.

Il était apparu, dans ces discussions avec son cousin, qu'en même temps que l'adolescente aux mœurs dissolues, il y avait une petite fille seule, incontrôlée, qui avait peur de mourir et en voulait encore à ses parents de ce qu'elle voyait comme de la négligence. « Vivre dangereusement » était utilisé comme une drogue pour échapper à ces peurs dont on perçoit qu'elles remontaient à la petite enfance.

7 LA VIE EN SOCIÉTÉ

Étant donnés les changements émotionnels et physiques tumultueux qui se produisent chez les adolescents, il n'est guère étonnant qu'ils aient parfois envie d'effectuer eux-mêmes des changements.

La scène du monde

Les adolescents peuvent utiliser une scène plus large pour mener à bien ces changements et exprimer leur propre personnalité. Ils luttent avec passion et énergie pour ce en quoi ils croient et qui a souvent pour but de rendre le monde meilleur. L'intérêt pour l'écologie et les droits de l'homme en sont de bons exemples. Le choix de certaines causes peut être l'expression d'une révolte contre l'autorité, qui se fonde sur des conflits non résolus dans la famille. Plutôt que de reproduire les vieux arguments à l'intérieur du groupe familial, beaucoup d'adolescents réussissent à trouver d'autres groupes dans lesquels ils peuvent exprimer librement leurs opinions. L'engagement dans des organisations peut aussi apporter une structure qui manque éventuellement à la maison. Les exemples suivants vous offrent différents points de vue.

Lise était engagée dans un mouvement de jeunes qui tenait des réunions internationales. Elle parlait avec ferveur à sa famille de l'importance de l'amitié entre les peuples et de faire éclater les barrières culturelles. Ses parents étaient étonnés.

Était-ce la même Lise qui restait au lit tout le week-end, adressant à peine un mot de politesse à eux ou à son frère ?

C'est une question importante qui doit intriguer à la fois les adolescents et leurs parents. Comment se fait-il que la recherche de la coopération et de l'amitié internationales au sein d'un groupe s'accompagne de bouderie et d'indifférence à la maison ? N'est-ce que pure hypocrisie, désir de faire bonne figure pour cacher la réalité ? Ce serait porter un jugement sévère sur une situation complexe. Il vaut peut-être mieux y penser comme aux deux faces d'une même pièce – une tentative d'être coopératif et ne pouvoir l'être qu'en dehors de la dynamique familiale. Au début, certains adolescents ont besoin de l'aide de groupes et d'organisations pour permettre au côté généreux de leur nature de s'exprimer.

L'engagement dans une cause peut donner l'espace nécessaire à l'intérieur duquel on peut cicatriser ses blessures.

Bruno, 17 ans, vivait dans une famille de deux enfants où les deux parents s'impliquaient beaucoup dans la vie familiale. Sa sœur, Karine, avait commencé à se plaindre de vertiges et de maux de tête. Elle avait rapidement perdu l'appétit, elle avait maigri et paraissait assez malade. Il y eut toute une période d'incertitude avec bilans complets et analyses médicales en tout genre, terriblement angoissante pour toute la famille, et cela eut un profond impact sur Bruno.
Karine était résolument gaie et optimiste, mais Bruno était extrêmement angoissé par les changements, surtout physiques, de sa sœur. Il était par nature quelqu'un de solitaire, qui réussissait dans ses études sans vraiment donner l'impression de s'y investir complètement. Sa première passion sembla être la clarinette, particulièrement en jazz. Pendant la maladie de sa sœur, il évita de plus en plus de se trouver en société, se concentrant seulement sur la musique. Il devint un excellent musicien, mais son isolement inquiétait ses parents. Ils avaient essayé de parler à Bruno de sa sœur, mais il n'avait jamais été communicatif même quand il allait bien. Il était plein d'égards envers sa sœur pour des choses pratiques et il la poussait dans la chaise roulante qui

lui était devenue nécessaire. Il avait du mal à parler avec elle avec un peu de spontanéité. Ce fut sa musique qui lui donna l'occasion de s'impliquer plus. On le persuada de faire partie d'un petit groupe d'autres passionnés de jazz. Au début, ce nouveau groupe sembla se refermer sur lui-même et, en fait, ce repli augmenta l'inquiétude de ses parents. Mais, au fur et à mesure qu'ils progressaient et développaient une identité en tant que groupe, ils commencèrent à attirer quelques fans. Bruno semblait trouver sa façon de s'exprimer et proposa de donner des concerts. C'est difficile de savoir si c'était intentionnel ou non, mais il prit plusieurs contacts et s'impliqua dans des groupes spécialisés dans le travail avec des enfants et des adultes souffrant de problèmes de communication.

Bien que la maladie de sa sœur eût de toute évidence un impact important sur lui, peut-être que sa propre réaction à cette maladie, une réaction qui le laissa « sans mots », l'amena à une plus grande compréhension de la frustration de ne pas pouvoir communiquer avec des mots et à l'émergence de sa communication par le biais de la musique.

Des motifs de révolte

Mathieu commença à beaucoup inquiéter ses parents en approchant de ses 17 ans. Pendant quelques années, il était passé d'un enthousiasme à un autre. Il avait, par exemple, été un farouche collectionneur de timbres, s'était passionné pour les maquettes de différentes sortes et, depuis peu, s'intéressait aux activités en plein air, comme la randonnée et le camping. La pratique du camping se mit à l'absorber et il se retirait, apparemment avec plaisir, du tohu-bohu familial. Cette tendance à faire partie de la famille tout en s'en détachant avait changé de manière apparemment soudaine. Mathieu s'était mis à exprimer très fermement des opinions sur des questions familiales. Son père aimait aller à la pêche quand il avait du temps, même si la famille plaisantait en disant qu'ils seraient déjà morts de faim depuis longtemps s'ils avaient dû compter sur ses efforts pour manger. Pour Mathieu cependant, le fait que son père aime la pêche était incompréhensible. Comment pouvait-il consciemment faire souffrir des animaux inoffensifs qui ne lui faisaient aucun mal ? La discussion, qui avait commencé dès qu'il avait vu la canne à pêche dans l'entrée, s'échauffait, et Marie, la mère de Mathieu, se trouva mêlée au conflit entre lui et son père. Il était clair qu'à la différence des discussions précédentes, Mathieu persistait dans sa défense des droits des animaux. Cependant, ils eurent un choc en l'entendant dire qu'il avait été interpellé par la police pour son rôle dans une manifestation contre la chasse (avec ses amis). Ils avaient en fait semé la pagaille au départ d'une chasse. Bien qu'il fût gêné de voir jusqu'où il était allé, il s'était aussi de toute évidence beaucoup amusé. De plus, quand il parvint à décrire son plaisir, il devint évident qu'en courant à travers les champs et en entraînant la meute sur de fausses pistes, il cumulait son amour du plein air et l'excitation de la poursuite. Ces éléments avaient beaucoup en commun avec le goût de son père pour le plein air et la pêche à la ligne, même si le but de Mathieu était de chasser les chasseurs plutôt que le poisson.

Une période pour l'idéalisme

On peut voir, à partir des exemples ci-dessus, que de telles causes fournissent aux adolescents une occasion importante d'exprimer leurs points de vue et de développer un aspect de leur personnalité qui ne peut prendre forme que dans un groupe plus large que celui de la famille. Quand les adolescents se rallient à des groupes et à des causes, ils se laissent influencer par les autres membres et se joignent aux activités sans réellement comprendre leur motivation pour le faire. Lise n'aurait sans doute pas vu le contraste évident entre l'enthousiasme avec lequel elle participait au mouvement de jeunes, et sa bouderie et son indisponibilité à la maison. En fait, si elle avait été capable de réfléchir à cette attitude apparemment double, cela l'aurait empêchée d'exprimer son côté généreux. Dans son mouvement de jeunes, elle bénéficiait d'une atmosphère où elle ne se sentait pas jugée. Cela lui permettait aussi de travailler à une société meilleure que celle qu'elle aidait à créer à la maison, une société où les jeunes gens pouvaient être librement en interaction et s'entendre plus harmonieusement.

Les adultes se moquent parfois des causes défendues par les adolescents, parce qu'elles ne représentent de toute évidence qu'une partie du débat ou parce qu'elles impliquent une fuite de la réalité. Mais ce serait une erreur de ne pas reconnaître que la force des mouvements adolescents vient précisément de leur énergie et de leur honnêteté qui n'est pas inhibée par le désir des adultes de trouver un compromis. C'est cette tension entre l'expérience des adultes et l'élan plein de jeunesse et souvent d'impatience des adolescents qui est le thème récurrent de ce livre. Le changement, s'il doit arriver, ne se produit que quand on défie l'opinion communément admise, quelque douloureux qu'en soit le processus.

Bientôt 18 ans

À l'approche de ses 18 ans, Robin réfléchissait avec un de ses oncles aux changements qui lui étaient arrivés ces trois dernières années. Il voyait qu'il avait changé en profondeur, mais n'arrivait pas tout à fait à comprendre comment c'était arrivé. Il semblait, par exemple, que les relations avec les membres de sa famille avaient changé. Il est certain qu'il ne se querellait plus avec eux comme il l'avait fait auparavant : à une époque, il semblait que chaque tentative pour acquérir plus d'indépendance rencontrait de la résistance. Son père, en particulier, se méfiait beaucoup des amis de Robin, car il pensait qu'ils avaient une mauvaise influence sur lui. Maintenant, il avait le sentiment que son père les acceptait mieux et qu'il les considérait assez subtilement comme faisant partie de son cercle social plutôt que comme une « bande » qui aurait pu le dévoyer. Mais son propre point de vue avait changé. D'une certaine façon, il se sentait plus détaché de la maison et des opinions de ses parents et se trouvait lui-même capable d'envisager pour la première fois la possibilité de quitter la maison sans pour autant interrompre ses relations avec ses parents. Il avait parfois du mal à imaginer à quel point il avait été en colère contre eux, bien qu'il se souvienne de ces scènes terribles qui lui donnaient l'impression que la seule issue était de partir pour de bon. Maintenant, trois ans plus tard, il avait le sentiment qu'il avait plus de contrôle, qu'après les efforts que lui et ses parents avaient faits, il était capable de mener sa vie à lui et de rester en contact avec la vie familiale. De plus, les relations entre lui et son père s'étaient considérablement améliorées. Il y avait bien sûr des conflits, surtout à propos de ses études. Il s'était réconcilié avec le fait que ses résultats scolaires n'étaient pas excellents et qu'il préférerait toujours les activités sociales. Cependant, il avait le sentiment qu'il avait réussi à suivre les autres élèves et il était assez confiant quant à ses résultats au bac. Il souhaitait avoir l'occasion d'effectuer un travail bénévole l'année suivante, surtout loin de la maison. Il n'était pas encore sûr de vouloir aller à l'université. Il était conscient que ses parents seraient déçus s'il n'y allait pas, mais il sentait qu'il voulait encore y réfléchir plutôt que de le faire à la légère. Par-dessus tout, il avait le sentiment qu'il avait mûri. Son oncle, qui était resté en contact avec lui pendant cette période difficile, était d'accord avec lui.

Les réflexions de Robin ne sont pas celles de tous les adolescents, bien sûr, les exemples de ce livre l'ont démontré. Comme nous l'avons vu, beaucoup d'adolescents traversent une période déréglée et tourmentée qui provoque de grands bouleversements pour eux et pour toute la famille.

Conclusion

La recherche d'une nouvelle identité mène souvent les adolescents à la révolte, alors qu'ils se détournent des valeurs reçues et se dressent contre toute forme de pression qui, à leur sentiment, peut restreindre leur liberté nouvelle. À ce moment, il est primordial qu'ils sentent le soutien des parents et des adultes qui n'approuvent pas forcément tout ce qu'ils font, mais qui sont tout de même là quand c'est important, et qui les aident en leur donnant un espace à l'intérieur duquel ils peuvent établir et construire de solides fondations pour leur vie adulte.

VOTRE ENFANT
de 18 à 20 ans

Dans une collection consacrée au développement des jeunes, cette dernière partie aborde une étape importante de leur vie. L'adolescent a maintenant le droit de vote et il est traité en adulte responsable. À un moment où ils doivent faire des choix importants, beaucoup de jeunes s'emploient encore à se chercher et à se demander qui ils sont réellement. C'est au cours de ces années que l'on comprend mieux qui l'on est et où l'on peut se définir en disant : « Je suis... » ou « Je pense que... ».

Pour beaucoup de jeunes et pour leurs parents, cette période va voir commencer la fin de la vie de famille telle qu'ils l'ont connue. Certains jeunes quittent la maison pour poursuivre des études ou pour aller travailler loin de chez eux. D'autres souhaitent s'installer avec des amis ou avec un partenaire.

Les années passées, la famille était le point d'ancrage et de maîtrise, plus tard relayée, au moins en partie, par le sentiment d'appartenance à un groupe de jeunes du même âge. Dans la classe d'âge dont nous parlons maintenant, commence à se développer un sens plus sûr de l'identité individuelle, qu'accompagne souvent une relation à long terme de plus en plus intime avec un partenaire. Autrement dit, les jeunes deviennent plus adultes.

Abandonner la place centrale accordée à la famille et au groupe de ses pairs pour devenir directement responsable de la façon dont on conduit sa vie est le fruit d'un lent processus. Le développement peut cependant être inégal et quelqu'un qui est, de par son âge, un jeune adulte, peut parfois se sentir vaciller et avoir besoin d'être épaulé. C'est le cas en particulier quand le désir d'aller de l'avant est là, mais qu'on n'a pas vraiment trouvé un sol ferme sur lequel marcher.

C'est aussi un moment de changement radical pour les parents. Le départ de la maison du premier enfant, et plus encore celui du dernier, tourne une page dans le livre de leur vie. Aussi difficiles et pénibles qu'aient pu être parfois les relations entre les parents et leur adolescent, le moment où un jeune s'en va est susceptible de provoquer des sentiments douloureux et peut être un tournant dans la vie des parents et de l'enfant, car il laisse une place vide en partant.

Cette expérience exige un réajustement entre les parents eux-mêmes, qu'ils vivent ensemble, qu'ils soient séparés ou célibataires. Même les parents qui soutiennent l'évolution de leur enfant, sans le surprotéger, peuvent s'inquiéter de sa capacité à se débrouiller correctement dans son nouvel environnement. Ce souci naturel est d'autant plus grand si le départ n'a pas été mûrement réfléchi, et peut les laisser perplexes quant à l'aide éventuelle qu'ils peuvent apporter. Certains parents peuvent avoir besoin de prendre des décisions difficiles à vivre sur la direction que va prendre leur vie après le départ des enfants. Certains en particulier peuvent avoir à se confronter au sentiment de perte, non seulement de leurs enfants en tant qu'enfants, mais aussi d'un but dans leur propre vie. C'est en fait une période où les deux générations doivent parfois opérer des réajustements substantiels.

Nous donnons ici des exemples d'événements qui peuvent arriver à des jeunes et à leurs parents pendant cette période de leur vie. Ceux-ci sont fondés sur plusieurs années d'expérience professionnelle, mais, pour respecter la confidentialité, ne représentent pas directement des individus précis.

1
L'ENTRÉE DANS LA VIE ADULTE ET UN SENTIMENT DE SOI EN ÉVOLUTION

Apprendre à se connaître

Entre 18 et 20 ans, les jeunes tendent à développer une plus grande capacité à se forger leurs propres opinions et expriment plus clairement leurs aspirations et leurs goûts personnels.

Elsa, qui a maintenant 18 ans, avait l'habitude de mettre des jeans usés et déchirés et de porter ses tennis les lacets défaits. Elle savait que son père trouvait cela provocateur, surtout en présence d'autres membres de la famille de sa génération à lui. Il avait une fois refusé de l'emmener lors d'une sortie familiale, déclarant qu'il avait honte de la façon dont elle était habillée. Elsa s'était, d'une part, sentie offensée et n'avait, d'autre part, pas compris la réaction de son père.

Elsa suit maintenant des cours de commerce et porte des jeans corrects et propres. Elle a le sentiment que ce changement intervient dans le cadre de son développement naturel et non en réaction à la désapprobation paternelle. Son père lui-même en est conscient et a fini par comprendre qu'Elsa n'apprécie pas qu'on considère ces changements comme si elle faisait marche arrière ou obéissait à un ordre. Elle peut maintenant sourire quand elle se souvient à quel point ses jeans déchirés tourmentaient sa tante Marguerite. Le sens de son identité est maintenant plus affirmé et elle n'a pas besoin d'en rajouter en montrant à ses proches à quel point elle est différente d'eux. Elle semble aussi prendre un certain plaisir à sa nouvelle apparence. La fougue des années adolescentes précédentes semble s'être calmée. Quand elle était plus jeune, Elsa se conformait beaucoup aux goûts de son groupe d'amis, non seulement dans son apparence – en fait, ils portaient tous des jeans déchirés et leurs lacets défaits – mais aussi dans son allégeance au genre de musique approuvé par les autres. Maintenant qu'elle a 18 ans, elle a développé des goûts beaucoup plus personnels. Elle a osé acheter des CD de musique pop qu'elle aime vraiment, mais qu'elle n'aurait pas appréciée dans le passé parce que ce n'était pas du goût de ses amis. Il lui arrive aussi d'emprunter des disques d'opéra à son frère aîné. Elle a acquis une nouvelle liberté pour être elle-même.

Pierre, le frère d'Elsa, qui a maintenant 20 ans, agaçait ses parents en laissant traîner des journaux à scandales, qu'il savait pouvoir les choquer. À cette époque, il n'était pas vraiment d'accord avec le contenu politique et social des journaux qu'il achetait, mais il suivait la dernière mode dans son groupe d'amis. S'il cherchait la bagarre avec ses parents, ce n'était pas seulement par provocation, mais aussi par envie de clarifier ses propres opinions politiques et sociales. Entre 18 et 20 ans, il a commencé à s'intéresser sincèrement aux problèmes politiques et sociaux et, au lieu de chercher des réponses toutes faites chez ses amis, il a pu exprimer ouvertement ses sentiments de doute et d'inquiétude à propos des problèmes nationaux et internationaux, tels que la guerre, la force nucléaire ou les aides sociales. Elsa et Pierre saisissent mieux ce qu'ils ressentent et ce qu'ils veulent vraiment individuellement sans devoir s'imposer en s'opposant à leurs parents. Ce changement contribue sensiblement à détendre la vie familiale. Cela permet aussi à Elsa et Pierre de se faire une image plus amicale et plus utile de leurs parents.

Avoir en soi cette figure bienveillante fait naître le sentiment d'avoir de plus grandes ressources et renforce la sensation d'être une personne dont le noyau central est solide. Le sentiment d'être soutenu intérieurement est particulièrement utile et précieux quand il se produit des changements notables et qu'il faut prendre des décisions importantes.

D'autres facteurs contribuent à la formation de la personnalité, qui influe également sur eux. Parmi ces facteurs, il y a l'identité dans le monde du travail, la qualité d'une relation avec un partenaire et, dans certains cas, la poursuite d'études supérieures. Nous aborderons ces sujets dans les chapitres suivants.

2 QUE VAIS-JE FAIRE MAINTENANT ?

On demande souvent aux enfants : « Qu'est-ce que tu feras quand tu seras grand ? » C'est assez rare qu'on demande aux parents ce qu'ils en pensent, mais ils peuvent avoir imaginé ce que feront leurs enfants dans l'avenir. Certains espèrent qu'ils suivront leurs traces dans le choix de leurs études ou de leur métier ; d'autres désirent qu'ils accomplissent quelque chose qu'ils n'ont pas pu faire eux-mêmes. Ces sentiments sont naturels et partagés par beaucoup. Il est important, cependant, que les parents aident leurs enfants à trouver leur propre expression et que ceux-ci se sentent libres de se développer de façon à être avant tout fidèles à eux-mêmes. Choisir une occupation ou même un style de vie très différents de ceux de ses parents n'est pas forcément une attitude « anti-parentale ». Nous allons voir brièvement, avec les exemples de Céline et de David, que c'est aussi dans leurs relations avec un professeur ou un proche qu'ils admirent que les jeunes peuvent trouver l'inspiration pour choisir un métier et une identité professionnelle.

Les parents ont intérêt à savoir, ou peut-être à se souvenir, que le moment crucial où on s'embarque dans un nouveau projet peut être un moment de tumulte et d'angoisse. Il est naturel d'être plus ou moins bouleversé chaque fois qu'on doit prendre des décisions importantes, même si elles ne sont pas définitives. Un premier emploi ou le choix d'une filière d'études n'implique pas nécessairement un engagement pour toute la vie ; des changements interviennent fréquemment par la suite. Emprunter un sillon tout tracé est un choix qui peut permettre de ne pas avoir de sentiments douloureux de doute et d'incertitude, mais aussi entraver l'épanouissement des différentes facettes de sa véritable personnalité.

On peut aussi, pour échapper à l'angoisse, éviter de réfléchir et faire un choix négatif, comme le fils d'un ingénieur qui décide qu'il sera tout sauf ingénieur. C'est sans doute une façon assez peu constructive d'ailleurs d'atténuer le caractère impressionnant de l'éventail des possibilités. Cependant, à 18 ans, certains adolescents peuvent encore avoir du mal à dire « Je suis moi-même » sans dire « Je ne suis pas vous ».

Choisir sa carrière

Le père de Kévin était médecin généraliste et, comme sa femme, il aurait aimé que son fils suive ses traces et aille même peut-être plus loin dans sa carrière en devenant un spécialiste reconnu. Kévin, malgré quelques accès de révolte pendant les premières années de son adolescence, réussissait dans ses études et avait, dans l'ensemble, une bonne relation avec son père. Il savait que son père le comprendrait et passerait outre sa déception s'il ne faisait pas médecine. Il choisit à l'université une filière qui lui ouvrait la carrière de professeur. Une des qualités qu'il admirait chez son père était son intérêt pour ses patients. Bien qu'il n'ait pas choisi de suivre la profession de son père, il admirait intérieurement une qualité de son père qu'il pourrait lui-même exprimer dans son métier. Kévin, à 19 ans, semblait être sur la bonne voie pour développer sa personnalité, en rapport avec les qualités qu'il admirait chez ses parents, mais sans les imiter.

Les parents de Céline travaillaient tous les deux dans une petite entreprise d'horticulture. Ils auraient pu se faire aider par leur fille qui aurait trouvé sa place dans leur affaire et y aurait apporté de nouvelles initiatives. Céline appréciait beaucoup les fleurs, mais ne se sentait pas attirée par ce genre de métier. Elle adorait la musique et décida de prendre des cours de musique et de continuer l'étude d'un instrument qu'elle avait déjà pratiqué à l'école, où elle avait bénéficié de l'enseignement et de l'encouragement d'un bon professeur. Ses parents avaient espéré qu'elle travaillerait avec eux, mais ils la connaissaient très bien et comprirent qu'elle avait fait un vrai choix qui lui permettrait d'avoir une vie plus pleine. Malgré leur déception, ils étaient prêts à accepter qu'elle n'ait pas envie de se couler dans un moule préétabli.

La signification du travail

David, 19 ans, avait développé dans l'ensemble un bon sens de lui-même ces dernières années. Son identité professionnelle était primordiale pour lui. Il était déjà mécanicien spécialisé et gagnait maintenant bien sa vie. Tout en travaillant dans un garage, il avait mis des annonces dans le journal local pour trouver des moyens d'augmenter ses revenus. Il s'intéressait aux voitures et aux moteurs depuis qu'il était petit. Il avait été, par exemple, assez fasciné par le talent de son jeune oncle pour mettre le moteur de sa moto en pièces, huiler et graisser les différentes parties et remonter le tout.

David avait la chance d'avoir des idées claires sur le type de métier qu'il aurait plaisir à exercer. Il était aussi capable d'obtenir un emploi qui lui convenait. Il suivait également des cours du soir. Il avait un petit salaire au début, mais déployait une belle énergie pour être autonome.

Le problème du chômage

Après avoir quitté l'école, certains jeunes cherchent un travail sans idée précise, sauf celle de vouloir gagner leur vie. Même quand le travail n'est pas particulièrement gratifiant en soi, il peut être l'occasion de créer de nouvelles relations ou amitiés. En outre, le travail donne le sentiment d'appartenir réellement à la société des adultes. Le contraste est considérable entre des jeunes qui n'arrivent pas à trouver de travail et ceux qui, comme David, ont eu la chance, en quittant l'école, de trouver un emploi qui leur semble convenable et sont capables de construire une identité claire dans le monde du travail. Pour ceux qui n'ont pas d'emploi, la vie sociale est réduite, autant par manque de moyens que parce que le moral est souvent bas. Le manque de travail risque donc d'empêcher un jeune de se sentir devenir réellement adulte en grandissant.

Isabelle n'avait pas beaucoup apprécié ses années d'école et, quand elle la quitta, elle n'avait ni qualification ni centres d'intérêt particuliers. Elle trouva un emploi intérimaire de nettoyage dans une école pendant quelques mois, mais le perdit quand la titulaire reprit sa place après un congé de maternité. Elle traversa ensuite une période de chômage suivie d'un plan de formation qui ne lui plut pas. À 18 ans, elle vivait chez ses parents et elle accepta à contrecœur un emploi à mi-temps mal payé – le seul qu'elle ait pu trouver. Le salaire était au-dessous de l'aide sociale minimum, mais elle n'avait pas vraiment le choix : c'était le chômage ou un travail qu'elle percevait comme de l'exploitation. Les parents d'Isabelle étaient d'avis qu'elle prenne n'importe quel emploi vacant, quel que soit le salaire. Isabelle leur en voulait de la pousser à faire n'importe quoi. Son caractère s'en ressentit ; maussade et ayant perdu toute estime d'elle-même, elle avait le sentiment qu'elle n'avait pas sa place dans le monde du travail, que rien ne lui donnerait un véritable sentiment d'accomplissement.

Même quand Isabelle avait un peu d'argent de côté pour sortir, elle n'aimait pas se mêler à ses anciennes amies, car elle avait l'impression qu'elles la mépriseraient. Elle continua cependant à aller à l'Agence pour l'emploi et trouva finalement une place de vendeuse. N'ayant pas eu la possibilité de partir, elle regrettait d'habiter encore chez ses parents. Quand elle eut un salaire, cela la soulagea de pouvoir verser sa contribution aux dépenses de la maison. Elle se sentit mieux, recommença à sortir et retrouva une vie sociale plus agréable.

Isabelle réussit à se remettre de cette longue période moralement difficile. Les choses ne tournèrent pas aussi bien pour certains de ses camarades de classe qui n'arrivaient pas à décrocher un emploi et se retrouvèrent plus tard au chômage.

L'un d'entre eux, Lionel, était un garçon assez enjoué quand il avait 16 ans. Il était très bon en sport, surtout en football. Il avait quitté l'école mais n'avait pas d'idée précise sur le métier qu'il pourrait avoir envie de faire. Cependant, il n'avait aucun travail en vue. Il fit un plan de formation qui n'éveilla en lui aucun intérêt et ne le motiva en rien. Bien qu'il continuât à pratiquer le foot dans l'équipe locale et à maintenir un contact social, il n'avait pas d'argent pour sortir, même le week-end. À 18 ans, pour tenter de trouver du travail, il alla habiter chez un oncle et une tante qui vivaient dans une ville où il pensait avoir plus de chances d'en trouver. Ses espoirs furent, hélas, déçus. Il avait presque 19 ans et passait son temps devant la télévision dans un grand état de solitude et de morosité. Le football lui manquait, mais il était trop démoralisé pour se joindre à un club local. Son abattement l'amena à devenir apathique et insensible à son apparence personnelle. Il agaçait son oncle et sa tante qui lui firent comprendre qu'il abusait de leur hospitalité. Encore plus abattu, Lionel rentra chez lui où il ne resta que deux semaines avant de décider de partir pour Paris, toujours dans l'espoir de trouver des perspectives de travail. Il ne s'était pas rendu compte que, sans adresse fixe, son projet était plus difficile. Il rejoignit les rangs des nombreux SDF et chômeurs de la capitale.

L'apparence délabrée de Lionel et ses sentiments négatifs sur lui-même n'avaient pas grand-chose en commun avec le joueur de foot dynamique des années d'école, qu'on appelait souvent du nom d'un champion connu. À cette époque, les succès de Lionel en sport contribuaient au sentiment qu'il avait un but et une identité. En deux ans de chômage, ce sentiment avait disparu.

Comme le montrent les exemples d'Isabelle et de Lionel, des circonstances extérieures adverses peuvent en fait contrecarrer le développement de l'individu en tant que travailleur et diminuer son estime de soi et son énergie.

3 QUITTER LA MAISON

L'entrée dans le monde du travail amène souvent un jeune à quitter le domicile de ses parents. À cet âge, quitter la maison a en général une nature et une signification différentes que pour un adolescent plus jeune qui part précipitamment parce qu'il ne s'y sent pas bien. Pour les plus âgés, quitter la maison peut, au contraire, donner la mesure de leur capacité à être indépendants.

Vivre avec d'autres jeunes

Certaines formations peuvent offrir des modalités d'hébergement, mais la plupart des jeunes qui exercent un travail loin de chez eux devront trouver eux-mêmes un logement. L'expérience de la vie quotidienne en communauté, que ce soit en foyer, en résidence universitaire ou en colocation, peut faire découvrir involontairement des aspects moins plaisants de sa personnalité. Souvent, les filles de cet âge qui travaillent partagent un appartement, et le fait d'entretenir la maison et de faire les comptes peut représenter une première étape vers l'autonomie.

Même si vivre loin de chez soi est souvent perçu comme un accomplissement et une expérience excitante, ce n'est pas dépourvu de problèmes et d'angoisses. Nous devons nous souvenir que, même à cet âge, aussi surprenant que ce soit pour les jeunes, **il y a encore en eux un enfant qui peut trouver la séparation difficile, bien que séduisante.** Comme Laure le découvrit, les parents sont parfois plus indulgents que les jeunes du même âge.

Laure, 19 ans, faisait des études pour devenir responsable des achats dans un grand magasin. Elle méprisait les habitudes de sa mère pour tenir la maison, croyant qu'elle ferait beaucoup mieux elle-même. Elle était ravie à l'idée de partager un appartement, mais elle fut surprise de rencontrer des difficultés dans ses relations avec les autres filles. Elles avaient été d'accord pour que Laure amène son chat, mais des problèmes surgirent. Séverine, une des filles qui, vêtue d'un nouvel ensemble noir élégant, prenait un jour un verre devant la télévision juste avant de sortir pour un rendez-vous, se mit très en colère en découvrant que sa jupe était couverte de poils de chat. Séverine insulta Laure, lui disant qu'elle avait beau étaler ses qualités de ménagère exceptionnelle, il était infernal de vivre avec elle : elle ne nettoyait même pas quand son chat avait sali les chaises et ne lavait pas sa gamelle, si bien que l'appartement sentait la nourriture pour chats. Laure, blessée, fut presque tentée de repartir habiter chez ses parents. Le conflit s'étant progressivement résolu, elle tira les leçons de cette expérience déplaisante. Elle dut accepter qu'elle n'était pas forcément une ménagère hors pair et qu'il y avait quelque part en elle une petite fille qui considérait comme naturel qu'il y ait toujours une mère pour nettoyer derrière elle.

La part de l'enfant chez l'adulte

Laure nous montre un certain nombre de facettes, ce qui nous permet d'observer la combinaison complexe des éléments enfantins et adultes qui sont encore présents à cet âge. Le chat que Laure emmène en partant de chez elle pourrait avoir le même sens qu'un ours en peluche, mais on peut aussi lui donner de nouvelles significations. Laure montre les premiers signes du désir de s'occuper d'un être vivant, peut-être pour se préparer à devenir mère un jour, mais elle a encore du mal à prendre l'entière responsabilité des aspects moins séduisants et plus compliqués d'une telle tâche. Cela peut prendre encore longtemps !

Il y a aussi un double aspect dans le désir de Laura de quitter la maison et d'être indépendante. Elle était très enthousiaste en emménageant dans l'appartement, mais quand elle a été confrontée à la critique de ses colocataires, elle a confié combien elle était bouleversée à sa meilleure amie au travail et lui a dit qu'elle avait même été tentée de revenir habiter chez ses parents : « Après tout, ma chambre est encore là, si je veux. » Elle se rendit compte aussi que la vie était bien plus simple quand elle pouvait régulièrement se reposer sur sa mère pour le ménage, les courses et la cuisine ; ce n'est pas qu'elle ne savait pas nettoyer, car en fait elle le faisait très bien, mais c'était tellement exaspérant qu'on attende qu'elle nettoie chaque fois que le chat avait sali quelque chose.

Laure se débat encore entre son engagement à se sentir autonome et à mener sa carrière et cette partie plus jeune d'elle-même qui veut aussi se laisser vivre et qu'on s'occupe d'elle.

La réaction de la famille

Ce n'est pas la même chose de quitter la maison pour aller en résidence universitaire ou partager un appartement, que de s'installer avec un partenaire. Il est probable que les parents ne réagiront pas de la même façon aux implications de ces situations bien différentes.

Quand David, le mécanicien dont nous avons parlé dans le dernier chapitre, a dit à ses parents qu'il allait louer une chambre avec son amie Patricia, ils ont vraiment été décontenancés. David savait que cela leur ferait un choc parce que la vie en commun avant le mariage était contraire à leurs croyances religieuses. Ils avaient déjà été déçus que David arrête d'aller avec eux à l'église quand il avait commencé à travailler à 16 ans. Pendant un moment, ils avaient fermé les yeux sur le fait qu'il découche parfois et accepté sans faire d'objections ses histoires de mobylette tombée en panne ou de nuits passées chez des copains parce qu'il avait un peu trop bu. La décision de David les aurait peut-être moins choqués s'ils avaient reconnu le fait que leur fils passait des heures au téléphone en parlant à voix basse et que, quand il sortait le soir, il laissait derrière lui une forte odeur d'eau de toilette. Ils avaient espéré préserver des bonnes relations familiales en évitant la confrontation directe. David protesta, disant qu'il était financièrement indépendant et que cela faisait un moment qu'il contribuait à l'entretien de la maison. Bien qu'il ne l'ait pas dit à ses parents, en fait, Patricia et lui discutaient du moment où ils fonderaient une famille et ils songeaient à se marier.

Malgré le caractère plus mûr de la motivation de David, on trouve encore chez lui quelque chose de l'enfant susceptible qui ne supporte pas qu'on lui dise ce qu'il doit faire et comment il doit se comporter. Cela contribua au fait qu'il fut un peu blessant quand il discuta avec ses parents de son départ de la maison. David se percevait lui-même comme un adulte dans son bon droit. Il interpréta l'expression des angoisses de ses parents comme une tentative délibérée d'interférer dans sa vie. Nous reviendrons plus tard sur les relations tendues de David avec ses parents.

4 POURSUIVRE DES ÉTUDES

La décision de poursuivre des études comporte aussi des implications pour la famille. Cette décision peut correspondre aux attentes des parents mais aussi déroger à la tradition familiale. Nous avons vu avec David l'exemple de quelqu'un qui quitte l'école à 16 ans et suit des cours du soir (en enseignement technique), une orientation bien acceptée par sa famille. Un écart par rapport aux attentes familiales peut provoquer des réactions différentes de la part des parents. Il faut parfois du temps et de la patience pour s'arranger de certains des sentiments éveillés.

Les espoirs et les déceptions de la famille

Quand Elsa décida d'entrer dans une école de commerce après avoir eu son bac avec mention, ses parents furent un peu déçus, surtout que, encouragée par eux, elle avait d'abord envisagé d'aller à l'université. Ses parents étaient tous les deux professeurs dans des matières différentes et ils avaient le sentiment que ça manquerait à Elsa de ne pas être allée à l'université. Le problème de la « tradition familiale » se manifesta tout particulièrement lors de la réunion de famille chez ses parents à Noël. Tante Marguerite, son mari, oncle Robert, et d'autres membres de la famille étaient présents. Deux de leurs enfants étaient déjà à l'université et le troisième suivrait bientôt sans aucun doute. La conversation roulait principalement sur la question des choix et des différentes filières. Tante Marguerite mit Elsa et ses parents mal à l'aise en faisant remarquer que celle-ci était à part dans la famille. Ses parents vinrent à son secours en mettant l'accent sur sa réussite à l'école de commerce mais, plus tard ce soir-là, ils partagèrent une certaine déception, accentuée par la remarque incisive de tante Marguerite qui avait rappelé qu'elle rompait la tradition familiale. Tous ceux qui étaient là pour Noël avaient été ou allaient entrer à l'université, sauf Elsa.

Ses parents mirent du temps à accepter que son choix fût le bon pour elle et à admettre qu'elle avait eu raison de le faire. Elsa fut soulagée quand elle sentit finalement que ses parents avaient compris son besoin de prendre sa décision elle-même.

Trouver sa voie

Dans certains cas, pour trouver la voie la plus satisfaisante, on a besoin d'utiliser plus ou moins la méthode des « essais et erreurs ». Certains jeunes peuvent avoir du mal à prendre tout seuls leur décision et suivent simplement les traces de leurs parents jusqu'à ce que leurs propres expériences les aident à grandir et à se trouver eux-mêmes. Elsa savait dès le début où elle voulait aller et ses parents finirent par accepter sa décision comme étant la bonne pour elle. Marion, plus lente, se conforma d'abord au modèle familial et ne devint claire sur ses propres désirs que plus tard, recueillant alors l'approbation de ses parents.

Marion avait pris une année de liberté avant d'entrer à l'université. Elle consacra son temps à un organisme éducatif pour les enfants dans un pays du tiers-monde. Pendant qu'elle était à l'étranger, elle écrivit à ses parents pour leur dire qu'elle commençait à avoir une autre idée concernant ses études. Elle avait à l'origine choisi les lettres, non pas parce qu'elle s'y intéressait particulièrement, mais parce que c'était ce que sa mère avait fait. C'était pour les mêmes raisons qu'elle s'était inscrite au lycée où sa mère avait été enfant. Après son expérience à l'étranger et son contact avec des enfants moins privilégiés, ce qui l'avait manifestement troublée, elle s'intéressait désormais aux études politiques et sociales. Au contraire d'Elsa, sa décision d'aller à l'université se conformait aveuglément au modèle familial. En s'immergeant dans un milieu plus vaste, la confusion que cela avait provoqué avait été un stimulant pour son développement : son choix prenait un sens différent. Elle ne se contentait pas de suivre les traces familiales ou d'aller à l'université pour le principe, car elle y associait non seulement ses aspirations intellectuelles mais aussi son expérience émotionnelle.

La vie de Marion à l'université ne fut pourtant pas facile au début. Elle avait été plutôt bonne élève à l'école et avait maintenant du mal à se frotter à des idées nouvelles et contradictoires dans un milieu universitaire nourri de discussions philosophiques et politiques. Mais ce qui était plus important que ces nouvelles exigences intellectuelles, c'était le puissant défi émotionnel lancé à Marion par la conscience beaucoup plus grande des problèmes politiques et sociaux qu'elle avait acquise grâce à son séjour à l'étranger. Elle ne suivait plus les traces de sa mère et essayait de trouver sa propre voie, mais c'était loin d'être facile. Bien que manquant parfois d'assurance, elle sentait pourtant intérieurement que sa direction était la bonne.

Le soutien de ses parents lui était acquis. Ils avaient en fait été un peu ennuyés quand elle avait fait le même choix que sa mère pour le lycée et les études supérieures, car ils pensaient que cela ne reflétait pas un choix vraiment personnel de sa part et qu'elle risquait de se glisser dans un sillon tracé d'avance.

Changer de direction tout en préservant les liens familiaux

La famille de Constantin vivait depuis quelque temps en France. Ses parents y étaient venus dans leur enfance et s'étaient rencontrés dans la communauté assez soudée dans laquelle ils vivaient. Ils travaillaient tous les deux dans le magasin qu'ils avaient réussi à acheter. Les parents de Constantin étaient fiers de leur réussite, mais n'avaient jamais donné l'impression à leur fils qu'ils attendaient de lui qu'il reprenne l'affaire familiale s'il n'en avait pas envie.

Constantin aimait l'école et montra très tôt un intérêt pour les sciences en général et la médecine en particulier. Un de ses cousins de son âge souffrait d'une forme grave de maladie qui était courante dans leur pays d'origine. Quand la mère de ce cousin emmenait son fils à l'hôpital, Constantin les accompagnait souvent. Il n'avait que 12 ou 13 ans la première fois qu'il dit qu'il voulait être docteur. Ce projet sembla se confirmer tandis qu'il grandissait et il se sentit toujours très soutenu par ses parents dans cette décision. Des voisins de Constantin, originaires du même pays, parlaient beaucoup de leur fils « le docteur », cherchant un peu à se vanter, mais Constantin n'eut jamais le sentiment que c'était par vanité que ses parents le soutenaient dans son choix. Et plus encore, il n'avait pas le sentiment qu'ils seraient envieux s'il accédait à une situation meilleure que la leur. À 18 ans, au début de ses études de médecine, il savait déjà qu'il voulait se spécialiser dans une branche liée au traitement des maladies comme celle dont son cousin souffrait. Bien que Constantin dût partir dans une autre ville pour aller à l'université, il revenait souvent chez lui le week-end et repartait toujours avec ses plats préférés.

Le choix de suivre une carrière différente de celle de ses parents ne coupe pas nécessairement de ses liens avec sa culture. Pour Constantin, cela ne fut absolument pas le cas. Il sentait en lui les encouragements et le soutien de ses parents. Il y eut tout de même un conflit avec ses parents plus tard, dans le choix de sa partenaire, comme nous le verrons par la suite.

Abandonner ses études

Être loin de chez soi pour poursuivre ses études peut être source de difficultés imprévisibles. Dans le chapitre 7, nous verrons comment la consommation de drogues faillit ruiner les études d'Alexandra. La situation de Cédric nous confronte à un exemple d'abandon lié à d'anciens sentiments de perte non résolus.

Cédric était né en Bretagne de parents très jeunes qui n'avaient pas fini leurs études. Quand il était tout petit, ses parents partirent environ trois ans pour les États-Unis afin d'obtenir des diplômes supérieurs. Ils avaient confié Cédric, leur seul enfant à l'époque, à ses grands-parents maternels qui habitaient sur une île. Ils ne pouvaient venir le voir que très irrégulièrement. À leur retour, ils ne semblèrent pas se rendre compte à quel point ils avaient manqué à Cédric pendant leur absence, ni combien ses grands-parents lui manquèrent après qu'il fut retourné vivre avec eux. Ils eurent deux filles assez rapprochées après leur retour en Bretagne. Les enfants fréquentaient des écoles au niveau scolaire élevé. Face à ces changements importants dans sa vie, Cédric, qui était bon élève, ne manifesta pas sa confusion par une baisse de ses résultats. Il s'adapta et réussit parfaitement à l'école. Ses parents étaient fiers de lui et, avec le soutien des professeurs, l'encouragèrent à passer le concours d'entrée dans une grande école qu'il réussit brillamment. Il prit une année pour lui avant de l'intégrer, mais, beaucoup moins aventureux que certains de ses camarades, il continuait à vivre chez ses parents et travaillait discrètement dans sa ville pour une organisation de défense des droits de l'homme.

Au début de l'année universitaire, Cédric quitta avec enthousiasme la maison pour rejoindre son école. Il devint cependant bientôt évident qu'il avait du mal à vivre loin de chez lui dans une résidence universitaire. Un de ses camarades se moqua un peu de lui quand il lui avoua qu'il avait presque toujours passé ses vacances avec ses parents. Ses résultats semblaient moins bons que ce qu'on aurait pu espérer après ses bulletins et ses résultats au concours. Bien que le premier trimestre fût court, il retourna chez ses parents un week-end. À cette occasion, il leur dit qu'il n'était pas heureux dans cette école, et ils furent surpris et consternés qu'il ne savoure pas ce qui semblait être une telle chance.

À son retour à la maison pour Noël, Cédric fut un peu plus explicite quant au fait qu'il n'était vraiment pas heureux, mais ce ne fut qu'une semaine avant la reprise des cours qu'il put dire qu'il se sentait incapable d'y retourner. Ses parents, qui admiraient le potentiel de Cédric et avaient une grande confiance dans ses capacités, eurent beaucoup de mal à comprendre comment leur fils de 19 ans, qui avait toujours si bien réussi à l'école, pouvait se sentir angoissé de vivre dans une ville qui n'était qu'à six heures de train de chez eux. Ils comprirent qu'il avait besoin qu'on l'aide à reprendre, et s'assurèrent auprès du directeur qu'on lui garderait une place. Les mois où il resta chez lui, subissant la pression de reprendre ses cours, il devint de plus en plus déprimé, solitaire et renfermé.

Quand la famille se rendit à Pâques chez les grands-parents maternels et qu'ils regardèrent ensemble des photos de l'époque où Cédric habitait avec eux, il fondit en larmes. Ce ne fut qu'à ce moment-là que ses parents se rendirent compte combien la séparation d'abord d'avec eux, puis d'avec ses grands-parents, avait été douloureuse pour lui dans la petite enfance, et combien ça lui était difficile de se déraciner de nouveau, en quittant sa maison pour aller dans sa ville universitaire. Pour Cédric, la difficulté ne résidait pas dans la distance, mais dans l'expérience même de quitter la maison, avec la réminiscence de ses ruptures précédentes avec la maison, d'abord la sienne, puis celle de ses grands-parents. À cette occasion, la famille fut capable de partager plus ouvertement ses sentiments sur le sens que revêtaient ces séparations pour Cédric en particulier. Il semblait que cette famille cultivait le fait de réussir à tout prix, quitte à se durcir, pour éviter ainsi les sentiments douloureux provoqués par la séparation.

Les parents de Cédric finirent par accepter qu'il abandonne le reste de l'année universitaire et choisisse de continuer ensuite dans l'université de leur ville. Cédric fut extrêmement soulagé d'être compris, retrouva un peu le moral et devint aussi plus sociable. Son problème n'était évidemment pas d'ordre scolaire. Il réussit très bien à l'université de sa ville. Il ne montra aucun signe de vouloir arrêter ses études et obtint finalement son diplôme. Ses parents, plus lucides sur leurs propres sentiments, étaient plus aptes à comprendre les difficultés de leur fils quant à la séparation et aux raisons de ces difficultés. Ils ne firent plus du tout pression sur Cédric pour qu'il quitte la maison pendant ses années d'études.

Les parents de Constantin avaient dû abandonner tout espoir que leur fils reprenne le magasin qu'ils avaient monté, mais ils ont su tirer de ses compétences une fierté considérable et un grand plaisir. Quant aux parents de Cédric, ils durent abandonner leur ambition que leur enfant fréquente une grande école et offrir leur soutien compréhensif devant les difficultés affectives qui étaient, au moins en partie, liées à ses expériences de la perte dans sa petite enfance.

5
L'AMOUR, LE SEXE ET LA VIE EN COMMUN

La vie en groupe est très importante pour les jeunes, mais, à mesure qu'ils quittent l'adolescence et approchent les 20 ans, cela occupe une place moins centrale dans leur vie. Certains jeunes qui ont appris à se connaître à travers les hauts et les bas d'un groupe peuvent progressivement en sortir et former des couples plus intimes. À ce stade, ces relations marquent une transition entre l'époque où ils passaient la plupart de leur temps dans un groupe d'amis et un mode de vie plus indépendant et plus adulte.

Des couples « à l'essai » se forment parfois encore à l'intérieur du groupe, avant qu'une relation plus stable ne se développe. Même si une relation de couple ne dure pas indéfiniment, elle peut aider chacun des partenaires à développer sa capacité à établir une relation plus profonde.

De nos jours, beaucoup de parents acceptent que les jeunes aient besoin de vivre un certain nombre de relations avant de trouver le bon partenaire. Beaucoup de jeunes attendront d'avoir plus de 20 ans avant de développer des relations de profond amour à long terme. Certains parents cependant, comme le père et la mère de David dont nous avons parlé auparavant, pensent que ce n'est pas bien d'avoir des relations sexuelles avant le mariage.

Les jeunes auront en tête une certaine image de leurs parents. Ce peut être une image aimée et admirée, ou bien moins aimée et même dénigrée. Ces images influenceront le modèle de partenaire que les jeunes souhaitent avoir. Certains parents se sentent provoqués si leur enfant choisit un partenaire qui a une approche de la vie très différente de la leur. David ne voulait pas provoquer ses parents en choisissant de vivre avec Patricia, mais leurs points de vue différents sur les relations sexuelles avant le mariage compliquèrent les relations familiales.

Les relations sexuelles multiples

Il est difficile d'appeler « relations » les rencontres occasionnelles qui incluent des expériences sexuelles brèves et superficielles. Le fait d'accumuler les aventures sexuelles peut être une tentative d'éviter la souffrance d'un échec possible et du sentiment d'abandon qui peut survenir dans des relations plus profondes. Cette peur de l'engagement peut parfois se prolonger plus tard dans la vie. Si les parents sont capables de parler à leurs enfants sans porter de jugements sévères sur leur conduite, il peut être très utile qu'ils lui fassent part de leur inquiétude quand ils sentent que ce comportement est l'expression d'un problème particulier.

Quand une relation devient sérieuse

Les jeunes de cet âge entrent dans l'âge adulte, ce qui implique la possibilité de devenir parents. Quand une relation de couple devient plus sérieuse, elle peut offrir le terreau dans lequel va germer le désir d'avoir un enfant, ce qui n'est pas nécessairement le cas dans tous les couples. Quand les partenaires ne partagent pas le désir – ou le prémice du désir – d'avoir des enfants, les difficultés surgissent et une relation en cours de développement peut s'effondrer.

À la fin de son adolescence, Judith avait des relations assez légères avec des garçons qui faisaient partie d'un groupe politiquement très engagé. Cependant, à 20 ans, elle tomba profondément amoureuse d'un étudiant en sociologie, Daniel, et se sentit vraiment attachée à lui. Un week-end, alors que ses parents étaient venus la voir à l'université, elle leur demanda s'ils voulaient bien qu'elle vienne déjeuner avec Daniel. Ses parents étaient contents, mais firent attention à ne poser aucune question embarrassante ni à paraître s'attendre à ce que la relation soit établie fermement. Judith et Daniel passèrent leurs vacances d'été à voyager ensemble en Europe et rendirent visite à des parents de Daniel qui vivaient en Italie. Ils se sentaient tous les deux suffisamment à l'aise dans leur relation pour présenter leur partenaire à leur famille. Après plus d'un an de vie commune, Judith s'était petit à petit très impliquée. Elle pensait s'installer avec Daniel sur la base du long terme. Un tel engagement effrayait Daniel, qui décida alors de poursuivre ses études à l'étranger et qui indiqua clairement à Judith qu'il souhaitait se désengager de sa relation avec elle. Judith fut effondrée. Elle parla avec des amis mais, aussi, téléphona en pleurs à sa mère qui l'encouragea à venir passer quelques jours chez ses parents. Ce qu'elle fit.

La mère de Judith avait nettement perçu que sa fille de 20 ans avait besoin, à ce moment-là, qu'on s'occupe d'elle comme d'une fille beaucoup plus jeune. Judith à son tour apprécia beaucoup la façon dont ses parents s'occupèrent d'elle. Le fait qu'on prenne soin d'elle de façon attentive, mais pas intrusive, l'aida à restaurer le sentiment qu'il y avait quelque chose de bon et d'aimable en elle ; ses parents l'aidèrent à littéralement « recoller les morceaux », alors qu'elle se sentait dans un grand désarroi, comme mise en pièces.

Il semblait que la relation de Judith et Daniel avait évolué naturellement vers le fait de faire l'amour ensemble. Dans son sens littéral, « faire l'amour » est en rapport étroit avec l'augmentation de la quantité d'amour qu'on peut prodiguer à l'autre, et Judith l'avait élargi à l'idée d'une vie familiale, mais Daniel ne partageait pas avec elle le désir d'un tel engagement.

David avait du succès auprès des filles et avait vécu plusieurs aventures avant de rencontrer Patricia. Bien que les croyances religieuses de ses parents fussent trop strictes à son avis, et qu'il n'aille déjà plus à l'église, les valeurs familiales étaient importantes pour lui. Son désir de s'installer avec Patricia était fondé sur un engagement ferme dans cette relation, qui mènerait probablement au mariage – nul besoin d'ajouter pour le plus grand plaisir de sa famille. Alors que l'idée d'avoir un bébé terrifiait Daniel, David et Patricia passaient une partie de leur temps à parler de fonder une famille et ils furent tous les deux ravis quand, peu de temps après qu'ils se furent installés, Patricia tomba enceinte.

L'homosexualité et les préjugés

Dans les premières années de l'adolescence, l'attirance entre personnes du même sexe est très fréquente et fait partie du processus par lequel on apprend à connaître les aspects masculins et féminins de sa propre personnalité. C'est vers 18-20 ans que l'on devient généralement sûr de son orientation sexuelle. Bien des angoisses vécues par les jeunes « gays » ou lesbiennes sont liées à la discrimination et à l'homophobie générale qu'ils peuvent rencontrer dans la communauté hétérosexuelle.

Bien que David ait choqué ses parents par son intention de se mettre en ménage avec une fille avant de se marier, et qu'il les ait déçus en ne partageant plus leurs croyances religieuses, il n'était pas pour autant exempt de préjugés et pouvait lui-même être choqué. Quand Olivier, un de ses anciens amis d'école qui travaillait dans une autre région, vint les voir dans leur nouvel appartement, il leur annonça que lui aussi s'était installé et mentionna que son partenaire était un jeune homme. Il leur dit qu'il avait révélé son homosexualité depuis la dernière fois qu'il avait vu David, et que ses parents, avec quelque difficulté, avaient accepté son identité homosexuelle. David fut très choqué et Olivier très blessé de cette réaction. Bien que David se débrouillât pour ne pas dire grand-chose, ses sentiments se lisaient sur son visage. Patricia remarqua que David n'avait pas, comme prévu, profité de l'occasion pour lui demander d'être témoin à leur mariage. Patricia et David en discutèrent après le départ d'Olivier. Patricia n'avait aucune réserve sur Olivier et son homosexualité. Elle fut déconcertée par l'intransigeance de David, qui était incapable d'affronter la perspective d'avoir un témoin homosexuel. Une vive discussion s'ensuivit. Patricia essaya de le faire changer d'avis en lui rappelant qu'il lui avait dit qu'avec son éloquence, Olivier ferait un beau discours au mariage et raconterait toutes sortes d'histoires drôles et de souvenirs d'enfance. Cet argument ne convainquit pas David, qui répliqua qu'il trouverait facilement un meilleur témoin. Patricia ajouta alors, avec une touche d'ironie, qu'il était peut-être inquiet qu'Olivier puisse raconter trop de souvenirs d'enfance. Elle faisait référence aux souvenirs qu'il lui avait confiés sur ses premières années d'école secondaire, quand il s'était mêlé, comme beaucoup de garçons de son âge, à diverses formes d'exploration et de jeux sexuels avec des camarades masculins, y compris Olivier.

Patricia, qui se sentait mal pour Olivier, fut capable de rafraîchir la mémoire et les sentiments de David avec suffisamment d'humour pour qu'il ne se sente pas attaqué. Il devint capable de réfléchir sans porter de jugement sur Olivier et sur ses propres expériences homosexuelles passées. Grâce à Patricia, il finit par demander à Olivier d'être témoin à leur mariage.

Pour revenir aux commentaires d'Olivier sur le fait que ses parents avaient eu du mal à se faire à l'idée que leur fils était homosexuel, un des facteurs importants était qu'Olivier était fils unique et que ses parents regrettaient peut-être de ne pas devenir grands-parents. Plus que l'homophobie, c'était cela qui semblait être la raison de leurs réticences.

6
L'UTILISATION DU TEMPS DE LOISIR

Avoir des loisirs implique d'avoir du temps libre pour choisir une activité ou pour ne rien faire. Les jeunes interprètent cette liberté de façon différente. Pour la plupart d'entre eux, qu'ils travaillent ou suivent des études, les activités de la semaine et celles du week-end sont naturellement séparées. Une des difficultés liées au chômage est que cette séparation naturelle n'existe pas.

Nous avons souvent fait référence aux différentes voies que suivent les jeunes dans leur recherche pour développer une identité claire. Nous observons maintenant la forme que revêt cette recherche dans l'utilisation du temps libre. On y retrouve les deux extrêmes : des activités qui favorisent le développement de la personnalité et celles qui perturbent l'intégration. Nous discuterons de ce second type d'activités dans le chapitre suivant. Mais nous allons voir dans celui-ci comment les activités de loisir peuvent engager d'importants processus de développement, en atténuant par exemple les sentiments d'envie et en accentuant les sentiments d'admiration.

L'utilisation des loisirs comme moyen de changement et de développement

Le père d'Antoine fabrique et répare toutes sortes de choses. Il rapporte à la maison une foule d'objets à réparer et il est passionné d'ébénisterie. Antoine a été un adolescent très révolté et il avait un regard assez méprisant sur les activités de son père. « Drôle de façon de passer tes week-ends, papa, disait-il. Pourquoi essayer de réparer cette vieille table basse, au lieu d'en acheter une neuve ? On n'est pas si fauchés. » Il donnait même des conseils quasiment paternels à son père, suggérant qu'il y avait mieux à faire que de tout réparer dans la maison. « Tu ne crois pas que maman aimerait aller un week-end au bord de la mer ? » Tout à son humeur quelque peu hautaine, il semblait oublier que sa mère n'aimait pas particulièrement la mer et qu'en général, elle admirait les talents de son mari et le plaisir qu'il en tirait. Mais Antoine était de toute évidence convaincu à l'époque qu'il ferait un meilleur mari que son père.

Le changement chez Antoine fut très progressif. Un petit épisode illustre son changement de point de vue sur les talents de son père. Un soir où Muriel, la petite amie d'Antoine, était présente, celle-ci mentionna que le fermoir de son collier – qui avait appartenu à sa grand-mère – était cassé et, comme c'était un bijou ancien, cela pourrait être difficile et cher de le faire réparer dans le commerce. Le père d'Antoine dit qu'il était capable de l'aider et réussit effectivement, avec ses outils, à réparer le ressort du fermoir cassé.

Dans les avis condescendants qu'Antoine avait l'habitude de donner à son père sur la façon d'être un meilleur homme et un meilleur mari, on peut déceler non seulement de la rivalité, mais aussi une part d'envie. C'était difficile pour cet Antoine plus jeune d'accepter que son père ait des talents qu'il ne possédait pas lui-même. Il se sentait ligoté dans ce ressentiment et avait du mal à développer lui-même ces talents. **Ce n'est que quand les sentiments d'admiration l'emportent sur l'envie que l'on peut progresser.**

Antoine ressentit vraiment de l'admiration pour son père quand celui-ci répara le fermoir du collier de Muriel. Peu après, Antoine eut un problème avec sa chaîne stéréo. Au lieu de l'emmener dans un magasin pour la faire réparer, il fut surpris de s'entendre demander à son père s'il pouvait lui apprendre à la réparer. Il découvrit alors qu'il était lui-même assez doué pour le bricolage.

Plus jeune, il avait joué de la batterie dans un orchestre avec des amis. En jouant à la maison, il testait les limites de la patience de ses parents. Il semblait parfois que c'était plus par provocation que par plaisir de faire de la musique. Il était resté en marge de l'orchestre, mais quand ses amis apprirent ses compétences de bricoleur, ils lui demandèrent souvent de les aider à résoudre les problèmes techniques de leur matériel et il s'impliqua plus dans l'activité musicale du groupe. Ce qui avait commencé comme du bricolage avec des fils et des haut-parleurs se transforma en un loisir beaucoup plus agréable.

Dans un sens, Antoine semblait s'être engagé dans un processus d'identification avec la capacité de son père à aimer réparer. Il pouvait maintenant reprendre à son compte des qualités qu'il admirait au lieu de les dénigrer ; l'admiration avait dépassé l'envie. Ce fut le début d'un lent processus de développement. Sa capacité à mieux profiter de ses loisirs agit également sur le sentiment de son identité. Il se comportait moins en adolescent révolté et devenait plus adulte.

Voitures et deux-roues

Passer du vélo des premières années adolescentes à la moto ou à la voiture peut avoir une grande influence sur le temps libre de beaucoup de jeunes. Depuis qu'il avait quitté l'école, David avait économisé pour s'acheter une moto. Il effectuait certaines réparations automobiles à domicile et avait donc besoin de sa moto pour son travail comme pour ses loisirs. Pour beaucoup de jeunes, la possession d'une voiture ou d'une moto est investie d'une signification de puissance et peut être considérée comme un symbole de prestige. Acheter sa première voiture ou sa première moto peut revêtir une importance toute particulière, comme c'était le cas de certains camarades de David. Cependant, même si le jour où David avait acheté sa moto avait sans aucun doute été un jour important pour lui, il ne semblait pas en avoir besoin comme support extérieur pour affirmer sa virilité.

Les choses étaient différentes en ce qui concerne Luc. Il commença à emprunter la moto de son frère aîné dès qu'il fut légalement en âge de la conduire, ou même un peu plus tôt. Il avait besoin de ce signe extérieur de puissance pour se sentir suffisamment sûr de lui. Ce ne fut en fait que quand il eut la fierté de posséder sa propre moto qu'il fut capable de demander à une fille de sortir avec lui. À 19 ans, il allait assez régulièrement au café où il pariait sur les matchs de foot et bavardait souvent avec la serveuse, qui était jeune, séduisante, et qui plaisait beaucoup à ses amis et à lui-même. Elle savait qu'il avait une moto et lui dit, d'un ton assez provocateur, de venir la chercher après la fermeture quand il aurait une voiture à lui, parce qu'elle n'aimait pas porter un casque ni se geler. Luc prit cette plaisanterie au sérieux et demanda à son père – d'abord assez poliment – s'il pouvait lui emprunter la voiture le samedi soir. Son père lui répondit fermement que la voiture n'était pas assurée pour lui et qu'il devrait se contenter de sa moto. Luc se mit en colère, devint insultant et dit qu'il donnerait à son père l'argent pour ajouter son nom à l'assurance – cela ne nécessitait qu'un coup de fil et son père pouvait le faire tout de suite. Il ajouta que son père et sa mère ne sortaient jamais – ce qui était loin d'être vrai. Ce qui énerva le père de Luc et le fit sortir de ses gonds, ce fut le message implicite dans les paroles de Luc qu'il était prioritaire sur ses parents pour sortir s'amuser le samedi soir.

Il n'est pas rare que les jeunes fassent passer à leurs parents le message qu'ils sont sexuellement hors service sur le plan de la sexualité : ce n'est plus de leur âge et ils doivent leur laisser la place. Cela peut être très difficile d'essayer de comprendre et de supporter cette provocation plutôt que de réagir de façon répressive.

Ce genre de dispute risque de s'aggraver et de laisser à chacun un ressentiment tel qu'il semblera impossible d'en revenir à des relations normales. Un jeune peut alors quitter la maison en claquant la porte, la rancune au cœur. Céder à la pression exercée par la jeune génération, pour éviter le conflit et la confrontation, n'est pas une bonne solution. D'un autre côté, il n'est pas facile, sur le moment, de trouver assez de distance pour ne pas réagir agressivement en dépit des sentiments provoqués. Les parents vont peut-être devoir lutter, d'abord avec eux-mêmes, mais aussi avec leur fils ou leur fille, pour affirmer leur conviction que les deux générations ont besoin de loisirs et de plaisir, et qu'aucune des deux ne doit en avoir l'exclusivité.

La façon dont Luc, qui n'a pas encore trouvé comment exprimer sa virilité, insiste pour utiliser la voiture révèle un réel manque d'estime de soi. À la différence d'Antoine, il n'est pas capable d'admirer son père, et il est encore en concurrence dans sa relation avec lui. Cela donne à penser qu'il ne peut s'amuser qu'en prenant le pouvoir par procuration, contrairement à Antoine, capable d'apprendre d'un père qu'il admire.

Les loisirs : une occasion de construire sa personnalité

Fanny avait 18 ans. Depuis qu'elle était toute petite, ses parents, amoureux de la montagne, l'emmenaient par monts et par vaux, et leurs trois enfants appréciaient cette expérience. Au cours de ses sorties, la famille s'ingéniait à trouver des manières intéressantes d'atteindre sa destination, sans toujours suivre les chemins qu'on trouvait sur la carte. Fanny se prit d'intérêt pour la nature et s'enthousiasma pour les cours de botanique. Adolescente, elle se joignit à un groupe de randonneurs. Elle avait le sentiment qu'elle aimait vraiment cette activité et le contact avec la nature, mais elle avait un léger doute qui lui gâchait parfois son plaisir : en faisant cela, est-ce que je ne fais que suivre les traces de mes parents ? Pour y voir clair et s'assurer que c'était elle qui avait choisi de consacrer autant de temps à cette activité, elle décida de se lancer un défi et de s'inscrire à un club d'alpinisme. Avec son ami, elle partait faire de l'escalade le week-end dans les Alpes, ce qui était relativement dangereux.

Cette période un peu casse-cou, qui ne dura pas très longtemps, lui servit à tester l'authenticité de son désir et à déterminer si elle ne le pratiquait que pour imiter ses parents ou peut-être pour rivaliser avec eux et les dépasser. Quand elle approcha 20 ans, il apparut qu'elle avait dépassé ces doutes qui l'avaient conduite à une période d'activité fatigante et dangereuse. L'amour de la nature, lié à un esprit aventureux, devint une composante de sa personnalité. Son intérêt pour la nature s'élargit pour englober d'autres activités ; elle aimait, par exemple, prendre part à des marches organisées pour la défense de l'environnement.

7
DES SUJETS D'INQUIÉTUDE : LES ACTIVITÉS ANTISOCIALES

Il est peu probable que le chemin de l'enfance à l'âge adulte suive une route rectiligne ou progresse régulièrement. Dans la mesure où c'est une période pendant laquelle les jeunes développent ce qui deviendra progressivement leurs valeurs personnelles, ils peuvent traverser des périodes de confusion considérable en ce qui concerne le bien et le mal. Au début et au milieu de l'adolescence, il n'est pas rare que les jeunes aient expérimenté jusqu'à un certain point la drogue, l'alcool, la révolte ou la petite délinquance. Même si, on l'a vu, entre 18 et 20 ans, ils ont tendance à moins s'impliquer dans les activités de groupe, ce n'est pas toujours le cas. Il arrive qu'un groupe se maintienne et se transforme en « bande » aux activités antisociales, ou que les jeunes établissent un genre de camaraderie ou d'alliance qui les mène sur des sentiers dangereux.

Dans ce chapitre, nous allons voir des jeunes dont les activités sont potentiellement porteuses de conséquences très graves. Tous les parents ne sont heureusement pas confrontés à de telles angoisses avec leurs adolescents.

Quand Luc demandait à son père d'utiliser sa si précieuse voiture pour sortir avec la serveuse, il donnait le sentiment qu'il se sentait comme un droit dessus, comme s'il en était le propriétaire provisoire. Malgré son arrogance et son insolence, au moins il demandait la permission d'utiliser la voiture familiale, il ne la volait pas.

Faire des virées avec une voiture volée ou « emprunter » illégalement un véhicule, quitte à l'abandonner parfois en mauvais état, relève d'un tout autre état d'esprit et risque d'avoir des conséquences plus graves. Les jeunes peuvent éprouver une certaine jouissance de ce qu'ils vivent comme un sentiment de puissance adulte, sentiment qui est bien entendu volé et qui ne leur appartient pas vraiment. Ce genre d'expérience se termine souvent de manière dramatique. Ces vols peuvent se produire chez des adolescents plus jeunes, mais aussi persister par la suite.

Comportement délinquant et environnement à risque

Nicolas était le quatrième garçon de sa famille. Un cinquième enfant était né quand il avait deux ans. Sa mère était déprimée après la naissance et peu disponible pour lui. Nicolas accumula envers ses parents des reproches qui, hélas, ne s'atténuèrent pas avec les années. Manquant d'une relation de confiance avec eux, il avait du mal à établir une relation satisfaisante avec ses professeurs. Ce n'est pas en volant des voitures que Nicolas entra dans la délinquance. Il semblait être attiré par tout ce qui défiait l'autorité, comme fumer dans les toilettes de l'école quand il avait 11 ans. Pour pouvoir acheter d'abord des cigarettes et plus tard de la drogue, il prenait souvent de l'argent dans le porte-monnaie de sa mère ou volait ses frères aînés, dont certains travaillaient. La communication dans la famille de Nicolas ou dans son école n'était malheureusement pas suffisante pour qu'on remarque à temps les signaux d'alarme et qu'on aide Nicolas à sortir d'une spirale descendante.
Quand Nicolas quitta l'école, il avait plongé dans la délinquance et était progressivement passé de « l'herbe » à la consommation de drogues dures. À 18 ans, lui et un de ses amis de la bande furent arrêtés en train de voler une voiture. Un juge d'application des peines adroit et sensible à la situation difficile de Nicolas et à son sentiment d'isolement s'arrangea pour prendre contact avec lui et comprendre pourquoi il se droguait.

Le juge savait qu'il ne pouvait rien faire pour Nicolas et ses problèmes de vol tant que celui-ci n'aurait pas surmonté sa toxicomanie. Il réussit à le convaincre de se faire soigner et à l'envoyer dans un centre de désintoxication.

L'attirance des drogues et de l'alcool : une fausse solution

Découvrir par soi-même ce qu'on considère comme bien ou mal, surtout quand on n'accepte plus en bloc, comme dans l'enfance, les valeurs des parents, fait partie du processus qui fait que l'on grandit, en corrélation avec la tentative de consolider son sens de l'identité. Ce processus peut être douloureux et les jeunes utilisent alors les drogues et l'alcool comme une façon de gommer les difficultés au lieu de les affronter et d'y réfléchir. Les drogues leur offrent non seulement un soulagement provisoire face à l'angoisse et au conflit mais aussi un plaisir passager. Les drogues douces comme le cannabis peuvent avoir un effet proche des effets enivrants de l'alcool. Être grisé par la boisson ou « défoncé » par ces drogues peut procurer du plaisir le temps que ça dure, mais en user de manière prolongée et répétée inhibe le développement.

Les effets nocifs de certaines drogues comme le LSD et l'héroïne sont bien connus. Mais les jeunes ne sont pas toujours au courant des dangers du LSD. Un mauvais « trip » peut provoquer des sentiments effrayants de désintégration et l'impression de devenir fou. Les jeunes peuvent avoir besoin d'un thérapeute pour surmonter la toxicomanie, comme ce fut le cas de Nicolas et, comme nous allons le voir, celui d'Agnès.

De même que dans d'autres activités antisociales, la pression du groupe joue un rôle important en encourageant la fuite loin du processus difficile qui consiste à réellement édifier son identité.

La consommation de drogues est une composante du mode de vie de certains étudiants. Elle fait parfois partie du rituel universitaire pour célébrer la fin d'une période d'études – surtout après avoir bûché ses examens – avec des distractions qu'on pourrait en poussant à l'extrême, décrire comme « hallucinantes ».

Agnès, étudiante à l'université, passait une grande partie de son temps avec un groupe lourdement impliqué dans l'alcool et la drogue. Pendant les week-ends, mais surtout après les examens, avec ses amis, elle mélangeait le jour et la nuit, enchaînant gueule de bois et alcool, et consommant généreusement des drogues « festives », telles que le speed ou l'ecstasy. Cela se passait souvent quand ils se rassemblaient uniquement pour planer, oublier leurs efforts et s'évader, non seulement du travail en soi, mais aussi de la pensée elle-même.
Agnès ne rentrait pas souvent chez elle le week-end, bien que son université n'ait pas été éloignée de sa ville, mais, en parlant avec ses parents au téléphone, elle faisait parfois allusion au fait qu'elle partait en week-end avec différents garçons. Cela les inquiétait évidemment beaucoup. Agnès ne réagit pas très bien quand ils exprimèrent clairement leur désapprobation et, pendant un certain temps, elle ne rentra que rarement chez elle, même pendant les vacances. Son comportement était assez extrême. Elle avait toujours besoin de bouger.

Par cette fuite, faite de rencontres sexuelles occasionnelles et de consommation de drogues, elle exprimait sa difficulté à réfléchir et à gérer des sentiments contradictoires sur le genre de personne qu'elle voulait être et la façon dont elle voulait mener sa vie.

Elle avançait de façon précaire dans ses études, mais sentait qu'elle lâchait pied et pensait même abandonner. Cette idée d'abandonner la vie universitaire semblait faire partie d'un combat contre ses parents et leurs valeurs. Elle en arriva en fait à un profond sentiment de tristesse parce qu'elle avait, au fond de son cœur, l'impression d'avoir d'une certaine façon brisé ses relations avec ses parents. Elle se sentait en même temps très angoissée et pleine de confusion. Elle était prise dans un cercle vicieux dans lequel l'avait plongée sa confiance dans l'alcool et la drogue, alors qu'ils ne lui offraient évidemment qu'un soulagement éphémère. Quand elle pensa abandonner, elle en parla à une amie un peu plus âgée qui lui conseilla fermement de se faire aider par un psychologue du service de santé des étudiants. Les conflits d'Agnès renvoyaient à sa difficulté à se débattre pour se trouver et découvrir ses propres valeurs, et cela l'aida de parler avec quelqu'un qui était totalement en dehors du cercle familial et des amis de son âge. En travaillant avec ce psychologue, elle commença à réfléchir au bouleversement que représentait pour elle la transition nécessaire pour devenir elle-même. Grâce à cette possibilité d'être comprise, contraire à celle d'avoir l'impression de flotter dans les airs, le sentiment de ne pas avoir de but s'atténua. Elle prit de l'intérêt à approfondir sa connaissance d'elle-même et sut profiter de l'aide offerte.

Cette aide psychologique favorisa sa réflexion sur ses conflits, et son mode de vie frénétique se calma de ce fait, tandis que sa relation avec ses parents s'améliorait aussi. Agnès commença à sortir plus assidûment avec un jeune homme avec lequel elle partageait des centres d'intérêt ainsi qu'une attirance physique mutuelle, et la qualité de cette relation sembla être plus profonde que les précédentes.

Elle avait vécu dans une espèce de « no man's land », sans avoir encore son cadre de référence, mais après avoir clairement rejeté celui de ses parents.

8
LES TROUBLES DU COMPORTEMENT ALIMENTAIRE ET LA DÉPRESSION

Les troubles du comportement alimentaire

Les jeunes sont souvent préoccupés par leur apparence et la façon dont leur corps fonctionne, particulièrement à partir du début de leur développement sexuel et des changements importants dans leur apparence. Les filles sont beaucoup plus nombreuses que les garçons à souffrir de troubles du comportement alimentaire. Une fille de 18 ans qui fait des régimes féroces a peut-être éprouvé des inquiétudes au début de ses règles et quand les formes de son corps ont commencé à changer. Une fille en début d'adolescence disait par exemple : « Mon corps a pris le dessus malgré moi. » Ce n'est pas un hasard si les pertes de poids importantes dues au refus de nourriture s'accompagnent de l'arrêt des règles. Cet arrêt a une cause physiologique indéniable, mais signifie aussi un rejet de soi-même en tant qu'être sexuel en développement. Les troubles du comportement alimentaire, surtout quand ils sont graves, sont sources de grandes angoisses et peuvent mettre en danger de mort. Il peut être nécessaire de faire appel à une assistance médicale et psychologique. Le symptôme lui-même est l'expression chez les adolescents concernés d'angoisses profondes et très violentes qui peuvent même contaminer les amis de leur âge. Il peut arriver cependant qu'une partie de cette angoisse soit transmise par les parents, les proches, les amis et parfois les thérapeutes, plus qu'elle n'est apparemment propre à l'adolescente elle-même.

Un problème interne et ses répercussions extérieures

Alexandra, 18 ans, est en terminale. On avait du mal à la faire manger quand elle était bébé. Son petit frère est né quand elle avait trois ans et, à ce moment-là, elle devint très capricieuse pour la nourriture. Elle commença à refuser des aliments qu'elle aimait avant et, pendant environ un an, ne mangea que des aliments préalablement réduits en purée.

Les parents d'Alexandra se séparèrent à l'époque où elle entrait à l'école. Elle vivait avec sa mère, mais voyait fréquemment son père. Au moment de la puberté, elle était encore difficile pour la nourriture et se mit à refuser presque totalement de manger entre 12 et 13 ans. Ce ne fut qu'après la guérison de cette crise d'anorexie qu'elle eut ses premières règles. Elle travaillait bien dans toutes les matières à l'école, s'intéressait aussi à la cuisine et adorait préparer les repas, tout en ayant un très petit appétit.

Au deuxième trimestre de sa classe de terminale, ses symptômes d'anorexie réapparurent de façon marquée. Elle arrêta complètement de prendre ses repas avec sa famille. Elle prenait plaisir à faire suivre la prise d'un tout petit peu de nourriture d'exercices assez intensifs, de façon à ne pas prendre un gramme. Il s'ensuivit en fait une perte de poids considérable. C'étaient ses parents qui semblaient surtout s'en inquiéter, tandis qu'Alexandra se préoccupait principalement de ne pas devenir trop grosse.

Le professeur de français d'Alexandra, qui supervisait aussi la classe de terminale, était particulièrement inquiète de la préoccupation à propos du poids, de la nourriture et de l'image du corps qui se répandaient dans la classe d'Alexandra. Le processus semblait avoir été initié par Fanny, une fille qui avait elle-même été extrêmement maigre et avait maintenant repris des kilos. Certaines élèves de la classe étaient plus susceptibles que d'autres de vivre ce genre d'angoisses au sujet de leur poids.

Les parents d'Alexandra, malgré leur divorce, continuaient à partager leurs préoccupations à propos de leurs enfants. Quand la classe d'Alexandra présenta un spectacle, ses parents y assistèrent et eurent ainsi l'occasion de parler avec les parents d'autres filles obsédées par les régimes ; ils évoquèrent avec eux certaines de leurs inquiétudes. Ils ne s'étaient pas rendu compte jusqu'alors qu'il semblait y avoir une petite « épidémie » d'anorexie dans cette classe. Les parents d'Alexandra parlèrent avec un couple en particulier qui leur fit part de l'aide et de la compréhension que leur avait apportées leur médecin, sur les conseils duquel leur fille avait commencé une psychothérapie. Comme le poids d'Alexandra était maintenant descendu à un niveau assez alarmant, ses parents décidèrent de suivre la même procédure et parlèrent avec leur médecin. Au début, Alexandra n'avait pas envie de commencer une thérapie, prétextant qu'elle devait consacrer tout son temps à ses études. Elle se laissa cependant peu à peu convaincre d'accepter quelques entretiens préalables et s'engagea finalement dans une psychothérapie qui l'aida à prendre conscience de ses angoisses sous-jacentes et à les gérer.

L'impact de circonstances extérieures traumatisantes

Marc, 20 ans, était arrivé en France en tant que réfugié d'un pays en pleine tourmente. Il était venu avec sa mère, mais avait perdu son père et son frère dans les circonstances tragiques d'une guerre civile. Il avait souffert de malnutrition dans son pays et, en arrivant en France, il avait un poids très au-dessous de la normale. Il commença à avaler des quantités d'aliments d'accès facile, comme les céréales, les gâteaux secs et le chocolat. Sa mère et lui étaient venus avec d'autres réfugiés. Fort heureusement, une association humanitaire installa une cellule d'aide sur place pour qu'ils puissent s'exprimer, parler de leur expérience traumatisante. Lors d'une des réunions du groupe où ils discutaient de la façon de gérer des souvenirs insoutenables, Maria dit d'une petite voix : « J'ai un excellent moyen de m'en sortir : je me gave et je me fais vomir. » Un garçon de 19 ans, très en colère, répondit de façon catégorique : « Tout le monde sait qu'il n'y a que les filles qui se mettent la tête dans les toilettes. » Marc, qui était assis à côté de Maria et l'avait observée avec intérêt et surprise quand elle avait parlé de ses symptômes, rassembla le courage nécessaire pour dire que lui-même en faisait autant depuis qu'il avait quitté son pays. Ce commentaire fut presque amorti par une autre fille selon laquelle il était pratiquement impossible de s'arrêter et qui semblait vouloir mettre un point final à cette discussion. « Bien sûr que nous mangeons tous beaucoup quand nous arrivons dans un endroit où il y a de la nourriture ; depuis des mois, nous mourrions de faim dans notre pays. », conclut-elle, mais elle n'expliquait ainsi que le besoin de se gaver, par le fait de vomir ensuite.

Le sujet aurait pu en rester là, mais l'animateur du groupe était capable d'aider les jeunes à réfléchir sur la relation entre les symptômes décrits par Marc et Maria et leurs traumatismes. Il semblait que le gavage féroce avait pour fonction d'adoucir les sentiments d'angoisse, de vide et de perte. Le vomissement, d'un autre côté, paraissait lié, au moins en partie, au fait que ces deux jeunes gens avaient vécu des expériences littéralement « impossibles à digérer » et se rendre malade pouvait représenter une façon très concrète de s'en débarrasser ; en d'autres termes, un « état d'esprit » se transformait en un « état de corps ».

Ces derniers exemples font référence à des expériences extérieures à la personne. Mais les troubles du comportement alimentaire peuvent surgir simplement en réaction à des conflits internes comme dans le cas d'Alexandra. C'est assez souvent une combinaison de facteurs internes et externes qui contribue au développement de tels problèmes. La boulimie, qui consiste à se gaver et à vomir, n'est habituellement pas liée à des circonstances traumatisantes telles que celles que nous avons décrites plus haut. Néanmoins, de tels symptômes sont assez souvent associés à des conflits ou des angoisses qui n'ont pas été émotionnellement digérés.

Les facteurs externes de la dépression

De nombreux facteurs peuvent être à l'origine des symptômes de ce qu'on appelle la dépression. Elle est caractérisée par une approche apathique de la vie, comprenant un manque général d'initiative et de vitalité. On peut trouver une prédominance générale de facteurs externes ou de facteurs internes, ou une conjonction des deux, dans l'environnement et l'histoire personnelle de chacun.

Alain, 19 ans, avait quitté l'école avec des résultats d'examen très médiocres, et n'avait eu aucune intention de faire des études supérieures. Il n'avait réussi à trouver ni formation ni emploi. Il se levait en général très tard, bien que sa mère essayât de le faire descendre pour qu'il prenne le petit déjeuner avec toute la famille. Il passait une grande partie de son temps à regarder la télévision, surtout le sport, et lisait de temps en temps le journal s'il y en avait un qui traînait. Il dépensait une grande partie de son allocation en cigarettes. Son père, qui avait été mineur, était depuis peu au chômage et, avec un de ses ex-collègues, il s'était débrouillé, associant adresse et chance, pour monter une petite affaire qui faisait appel au travail manuel. Avec quelque difficulté, car Alain était devenu très léthargique, il avait réussi à convaincre son fils de l'aider. Celui-ci avait besoin à la fois d'un changement dans les circonstances extérieures, et aussi de la chaleur et de l'encouragement de son père pour sortir de sa dépression et de son manque de vitalité. Il se sentait socialement très isolé. Le fait que son frère aîné s'était marié et avait quitté la maison y contribuait. Comme avec Isabelle, au chapitre 2, sortir du chômage était le salut. Une fois qu'il eut commencé à gagner de l'argent, il put sortir plus facilement le soir et rencontrer d'autres jeunes. Avec le temps, il rencontra une petite amie qui l'aida à soulager ses sentiments dépressifs à l'idée qu'il n'était pas « aimable ». À 20 ans, sa vie s'était beaucoup éclaircie.

Dans le cas d'Alain, les facteurs extérieurs étaient importants, non seulement en tant que cause, mais dans la résolution de son malaise. Nous voulons maintenant donner un exemple d'un type différent de dépression qui semble être plus associé à des sentiments intérieurs d'amertume et de rancœur.

La dépression d'origine interne

Amandine, 19 ans, était venue, comme jeune fille au pair, vivre avec Mikaël et Julia D. et leurs trois enfants qui habitaient dans une petite ville. La famille D. était chaleureuse et décontractée. Mikaël était propriétaire d'un magasin de location de cassettes vidéo dans le quartier et Julia avait une petite entreprise de vente par correspondance de vêtements pour enfants qu'elle dessinait et fabriquait elle-même. Les D. furent frappés par le caractère maussade d'Amandine qu'ils attribuèrent au début à la nostalgie de sa maison. Il apparut cependant que ce n'était pas le cas, car elle semblait n'avoir que la critique à la bouche quand elle parlait de sa ville et de sa famille. Julia, qui était très sensible, acquit le sentiment que cette façon de critiquer et de ruminer continuellement pouvait contribuer à une sorte d'épuisement chez Amandine, qui paraissait toujours manquer d'énergie, avait du mal à sortir du lit et semblait devoir faire un effort considérable pour entreprendre des tâches apparemment faciles. Un jour où elle lui demandait un coup de main pour le petit déjeuner et préparer les enfants pour l'école, ce que Julia considérait comme faisant partie des tâches d'Amandine, celle-ci se plaignit. Elle déclara que les moments précis où elle devait travailler ne figuraient pas dans leur accord, mais qu'elle remplirait ses obligations dans la journée.

Il était clair qu'Amandine manquait d'énergie et de vitalité et semblait prise dans une litanie de plaintes qui usait le peu d'énergie qu'elle avait. Quelque chose en elle donnait l'impression que c'était son droit d'être déprimée et qu'on ne la priverait pas de ce droit. Trois semaines seulement après l'arrivée d'Amandine, Julia trouva en évidence sur la table basse un journal avec des annonces pour des jeunes filles au pair. Julia décida de parler ouvertement de ce qui était maintenant évident, à savoir qu'Amandine n'était pas heureuse dans leur maison. Celle-ci avoua à contrecœur qu'elle avait cherché un travail à Paris et qu'elle détestait vivre dans une petite ville de province. Il semblait aussi qu'elle cherchait un emploi improbable avec très peu de ménage et un enfant maximum dans la famille, parce qu'elle n'aimait pas beaucoup s'occuper d'enfants. Comme vous pouvez l'imaginer, Amandine partit effectivement, laissant derrière elle un peu d'amertume et une expérience pas très heureuse pour les enfants de la famille.

Une telle attitude, faite de rancœur et de reproches, est parfois associée à des carences affectives, voire à des abus. On peut penser que, chez Amandine, c'était un comportement dépressif dans la mesure où elle ne pouvait pas participer activement au travail et où elle avait un caractère maussade. La différence avec Alain était que ses sentiments semblaient être principalement d'origine interne, plutôt que suscités par des circonstances extérieures particulièrement désagréables. La répugnance d'Amandine à s'occuper des enfants D. était peut-être directement liée au fait qu'elle les percevait comme des frères et sœurs plus jeunes. Elle en voulait sans aucun doute à ses parents d'avoir eu plusieurs enfants après elle, mais, dans toute famille où l'on s'entraide normalement, on peut habituellement transformer des sentiments de jalousie en éléments inhérents au processus de grandir. Les parents d'Amandine – on va le voir dans le prochain chapitre – paraissaient réellement capables de réfléchir aux besoins de leurs enfants et d'être sensibles à leurs sentiments. Mais le ressentiment d'Amandine s'étendait au-delà de la famille, alors qu'elle avait développé des perspectives sombres sur la vie, vision à laquelle elle semblait vouloir ou même avoir besoin de se raccrocher. Cette façon de s'accrocher à ses griefs rendait très difficile de l'aider. Les D. étaient manifestement bien intentionnés mais Amandine, à l'époque, était particulièrement retranchée dans son attitude.

Même s'ils en veulent au monde entier, certains jeunes sont moins inaccessibles que ne l'était Amandine, quand ils sont confrontés à des expériences positives vers la fin de l'adolescence. Une sorte de « seconde chance », comme celle offerte par la sympathique famille D., peut aider à modifier des sentiments négatifs à l'égard de ses propres parents. Et même dans le cas d'Amandine, comme nous le verrons plus tard, les D. peuvent avoir ouvert la voie vers de meilleures relations futures avec les figures parentales.

La dépression : supporter la tristesse et la perte, l'isolement, les craintes de suicide

La dépression peut aussi venir de la perte de quelqu'un de son entourage, accompagnée d'un sentiment de tristesse lié à cette perte.

> Cécile, dont nous parlerons plus amplement dans le chapitre 9, avait 18 ans quand elle perdit sa mère dans un accident de voiture. À la suite de cela, elle devint moins sociable, alors qu'elle était habitée par des sentiments liés à la mort brutale de sa mère. Elle éprouvait une profonde tristesse mais aussi de la colère et un sentiment d'injustice à propos de l'accident.

Une telle perte doit être reconnue et pleurée et on peut avoir besoin d'aide ou de soutien. Dans les chapitres précédents, nous avons décrit comment les parents de Judith l'avaient réconfortée pour qu'elle supporte la perte de sa relation avec Daniel. La perte répétée du contact entre Cédric et ceux qu'il aimait avait été largement ignorée par lui-même ou sa famille jusqu'à ce qu'il parte à l'université. Ceux qui subissent l'expérience d'une mort soudaine et violente et la perte de leur pays d'origine, comme dans le cas des réfugiés décrits plus haut dans ce chapitre, peuvent, comme nous le verrons, avoir besoin d'aide avant qu'ils puissent supporter d'accepter l'intensité réelle de leurs sentiments.

C'est souvent extrêmement douloureux de supporter la tristesse de la perte, comme Cécile l'a fait, mais il y a, la plupart du temps, un espoir de finir par s'en sortir. Cependant, il arrive que certains jeunes ne puissent pas se mettre en relation avec leur tristesse de façon à la surmonter tout seuls. Ils peuvent avoir le moral très bas, s'isoler et ne plus trouver de sens à la vie, jusqu'à avoir parfois des idées suicidaires. En plus de l'affection des parents, une aide psychologique est alors nécessaire.

9 UNE NOUVELLE ÉTAPE DE LA VIE COMMENCE

L'impact de la séparation sur les membres de la famille

Comme nous le disions dans l'introduction, quand les jeunes s'embarquent dans le voyage qui mène à la séparation finale d'avec la maison familiale, c'est un moment de bouleversement qui commence pour les enfants, mais aussi pour les parents. En regardant en arrière, personne ne peut avoir le sentiment que l'éducation de ses enfants a été aussi bonne qu'il l'aurait souhaité. Les parents doivent parfois avoir de l'indulgence vis-à-vis de leurs enfants comme vis-à-vis d'eux-mêmes pour les erreurs commises. Ils doivent aussi se réadapter pour reprendre la vie seuls, ou à deux, dans ce qui peut sembler être un nid vide.

La ligne de partage qui marque le développement normal et ce que les parents eux-mêmes ont dû vivre à la fin de leur adolescence, entraîne nécessairement une part de souffrance que les parents ou les enfants ressentent plus ou moins, à des moments différents. Ce sont souvent les parents qui doivent supporter le choc plus directement. Les jeunes partent vers une nouvelle étape dans la vie ; pour eux, la séparation peut représenter une ouverture, alors que de nombreux parents, surtout quand c'est le dernier enfant qui quitte la maison, doivent faire face à un sentiment de vide. La mère de Constantin, bien que très fière que son fils soit en médecine, se sentait triste et déprimée quand il partait, et très contente quand il revenait à la maison ou quand il repartait à l'université avec des plats qu'elle avait cuisinés. Les parents de Laure pensaient que le fait qu'elle emménage dans un appartement était quelque chose de constructif pour elle. Sa mère en particulier sentit que cela lui ferait du bien de se confronter aux responsabilités de tenir une maison. Laure, cependant, était la dernière à quitter la maison et, non seulement la vie de famille habituelle leur manquait, mais ils se surprirent aussi à attendre la sonnerie du téléphone, alors que cela les exaspérait autrefois. Ils décidèrent cependant de suivre ensemble des cours du soir pour apprendre l'italien en prévision des prochaines vacances et ils étaient ravis d'avoir plus de temps pour reprendre certaines de leurs activités passées.

Le départ de la maison de Constantin et de Laure a été discuté en famille, considéré comme un développement naturel, et n'est pas apparu comme une surprise. Quand le départ du foyer parental est susceptible de créer un conflit, comme ce fut le cas de David, la décision de partir peut être prise un peu brusquement, laissant une souffrance plus aiguë. Comme nous allons le voir dans ce chapitre, cet accroc peut cependant être réparé.

Parfois, un enfant comme Cédric peut se charger, pour la famille, de toute l'émotion liée à la séparation, au détriment de son développement personnel. Dans son cas, ce n'est que plus tard dans sa vie que le problème a été abordé, alors qu'il avait ses racines dans la petite enfance. Certains départs, comme celui de Lionel, qui finit SDF à Paris, laissent hélas derrière eux des sentiments douloureux non résolus.

Partir et revenir

Parfois, des enfants plus ou moins adultes font très clairement comprendre qu'ils ont envie de partir et sont prêts à le faire, désireux d'avoir une indépendance totale. Les parents peuvent, bien sûr, prendre cela au pied de la lettre. Certains jeunes passent cependant par une phase où la maison leur manque et, parfois même, reviennent pendant un temps avant de devenir réellement capables de se débrouiller tout seuls.

Quand Amandine, dont nous avons parlé précédemment, décida d'aller voir ses parents pour Noël, cela posa un problème. Elle avait quitté la maison en affirmant qu'elle allait gagner sa vie comme jeune fille au pair et qu'elle ne reviendrait sans doute pas pour les vacances. À ce moment-là, elle semblait prête à exercer la fonction de baby-sitter et manifestait même un certain enthousiasme qui, nous l'avons vu, s'évanouit rapidement.

Quand elle était encore à la maison, ses quatre plus jeunes frères partageaient deux chambres depuis leur petite enfance. Étant une fille, et aussi l'aînée, elle avait eu le privilège d'avoir une chambre pour elle toute seule. Quand elle partit, ses parents décidèrent de donner à Christophe, l'aîné des garçons, qui préparait son bac à l'époque, l'occasion d'avoir sa chambre, car il travaillait souvent tard le soir.

Ses parents furent surpris, mais en fait très contents, d'apprendre qu'elle revenait en fin de compte à la maison pour Noël. Ils se rendirent compte qu'elle pourrait être contrariée de ne plus avoir sa chambre, ils lui écrivirent donc pour lui faire part des changements de chambre. Ils envisagèrent de remettre Christophe dans la chambre qu'il partageait avant avec son frère, mais ils estimèrent que ce ne serait pas juste pour lui. Ils pensèrent aussi qu'Amandine ne se sentirait pas bien dans son ancienne chambre qui était maintenant occupée par les posters et les affaires de son frère. Elle dormit donc sur le canapé du salon, comme le faisaient normalement les amis qui venaient. Cela amplifia son sentiment d'être juste en visite. Elle fit bonne figure, mais était en fait si blessée et amère qu'elle fut incapable d'en parler à ses parents, alors que cela aurait pu l'aider à comprendre leur point de vue. Elle fut cependant capable de confier à sa tante Ingrid, la plus jeune sœur de son père avec laquelle elle avait toujours eu une bonne relation, son sentiment d'être rejetée par sa famille. Leur discussion l'aida non seulement à se sentir comprise, mais aussi à comprendre un peu le problème de ses parents. Elle fut même capable de réfléchir avec sa tante sur sa tendance à ruminer ses griefs. Ingrid choisit un moment diplomatique pour dire à Amandine qu'elle avait elle-même été très contente de prendre la chambre de son frère – c'est-à-dire le père d'Amandine – quand il avait quitté la maison !

L'exemple qu'on vient de voir illustre comment certaines circonstances peuvent causer des sentiments de rejet qui risquent d'être vécus intensément par un jeune.

Des opinions conflictuelles

Il n'est pas rare non plus que les parents eux-mêmes se sentent rejetés.

Quand David dit à ses parents qu'il allait s'installer avec Patricia sans se marier, ils vécurent cela comme un rejet absolu des valeurs auxquelles ils tenaient fermement et qu'ils considéraient comme acquises par David également. Ils avaient auparavant fermé les yeux sur le fait que la vie sexuelle de David se démarquait clairement de leurs principes très stricts. Le fait que David s'en soit senti offensé, de même que l'approche plutôt rigide de ses parents, entretint pendant quelque temps une coupure dans la famille. Ses parents trouvaient son attitude méprisante envers leurs valeurs extrêmement difficile à supporter. Ils étaient aussi très blessés par sa façon de les traiter comme des « bigots » à l'esprit étriqué. Ils avaient l'impression qu'ils ne lui avaient rien transmis de bon. David croyait vraiment que ce qu'il faisait était parfaitement acceptable et pensait que ses parents n'étaient pas raisonnables. Il avait du mal à leur dire qu'il était désolé, et ses parents n'arrivaient pas non plus à lui pardonner. Pendant quelque temps, David et son amie Patricia ne participèrent plus au traditionnel déjeuner dominical en famille. Les frères et sœurs aînés de David avaient adhéré de façon un peu conventionnelle aux valeurs familiales, si bien que le comportement de David était vécu par ses parents comme un coup de tonnerre totalement inattendu et blessant.

Les parents peuvent traverser toutes sortes d'expériences avec leurs enfants pendant les années d'adolescence. Les deux exemples précédents nous en présentent quelques aspects. Amandine était blessée parce qu'elle ne se sentait plus traitée comme une enfant de la famille ; les parents de David se sentaient blessés parce qu'ils considéraient que leur fils avait rejeté les valeurs familiales.

Des problèmes douloureux pour les parents

Les parents ont parfois des objections concernant les amis de leurs enfants, leurs partenaires ou leur mode de vie. Au moment où leur enfant atteint cet âge, ils seront conscients cependant que l'autorité ou le jugement critique peuvent avoir un effet inverse.

Les parents d'Agnès, bien qu'un peu rigides peut-être, se préoccupaient d'elle et étaient très inquiets de voir que le contact auparavant amical avec leur fille était rompu. Elle ne semblait pas apprécier qu'ils viennent la voir dans la ville où elle étudiait. Elle leur fit comprendre que le rituel mensuel du repas partagé ne correspondait pas à l'idée qu'elle se faisait de la distraction. Quand ils découvrirent ce que signifiait vraiment la distraction pour Agnès, ses parents furent consternés. Lors de leurs visites, ils comprirent, à l'odeur d'encens qui régnait dans sa chambre et à la présence de jeunes à l'air assez hébété, qu'ils consommaient généreusement du cannabis et que c'était peut-être une des raisons pour lesquelles la somme d'argent très importante qu'ils donnaient à Agnès ne semblait jamais suffisante.

Ils finirent par se rendre compte que leur fille avait été de son plein gré « capturée » par un groupe d'étudiants ayant en commun une violente opposition aux parents. Ils étaient profondément inquiets de l'abandonner à cette bande, à la toxicomanie, à l'alcool et à la multiplication des aventures sexuelles. Heureusement, ils étaient capables de se soutenir l'un l'autre, ce qui leur permit de ne pas se laisser accabler, mais de réagir positivement. Bien qu'ils lui aient fait comprendre qu'ils savaient parfaitement ce qui lui arrivait, ils réussirent à maintenir le dialogue avec elle, ce qui permit à Agnès de ne pas souffrir d'une

trop grande ingérence, ni de se sentir considérée comme perdue. Ses parents furent extrêmement soulagés quand elle leur dit qu'elle avait rencontré le psychologue du service de santé des étudiants.
Ils n'approuvaient pas le choix de leur fille concernant ses amis ou leur mode de vie, mais ils se rendirent compte que s'ils se limitaient à critiquer, cela ne pouvait qu'encourager leur fille à adhérer aux valeurs de cette bande-là.

On rencontre parfois le même type de sentiments de désaccord à propos du choix d'un partenaire.

Nous avons décrit auparavant la relation très satisfaisante entre Constantin et ses parents. Elle fut sérieusement mise à mal quand Constantin tomba amoureux d'une étudiante en médecine, une belle Irlandaise, Cathy. Quand il avait été peu disposé à rejoindre l'entreprise familiale, ses parents n'avaient exercé aucune pression sur lui. Mais ils eurent tous les deux beaucoup plus de mal, sa mère en particulier, à accepter qu'il ne se marie pas avec une « gentille jeune fille » de la même confession. Ils ne pouvaient pas imaginer avoir des petits-enfants qui n'appartiendraient pas totalement à leur culture. Quand Constantin dit à ses parents que sa relation avec Cathy était sérieuse et qu'ils pourraient bien se marier un jour, sa mère ne put s'empêcher de fondre en larmes. Constantin ne remit pas en cause sa décision, mais fut sensible aux sentiments de sa mère et se rendit compte que, malgré son droit de choisir, ce choix avait provoqué une surprise douloureuse chez ses parents.

L'aide des parents et l'aide psychologique

Nous avons vu dans ce livre bon nombre d'exemples de parents qui ont eu une réaction positive. Les parents peuvent souvent aider leurs enfants de 18 à 20 ans simplement en étant présents et en portant une attention réfléchie à leurs sentiments. Ils peuvent réfléchir sur les développements à venir dans leur vie et partager cette réflexion quand cela semble nécessaire. Il peut aussi être utile d'être capable de tolérer un désaccord sur des projets d'avenir, comme dans le cas d'Elsa, ou une déception sur le choix du partenaire, comme dans le cas de Constantin.

C'est parfois une bonne chose que de recueillir l'enfant à la maison en période de crise : les parents de Judith se rendirent compte, après la rupture de sa relation avec Daniel, que leur fille avait besoin d'être à la maison et traitée pendant un temps comme une enfant plus jeune. Le fait que ses parents pouvaient supporter son malheur et y réfléchir sans se laisser miner l'aida à se sentir de nouveau plus « aimable ». Les parents d'Amandine furent capables d'accorder attention et inquiétude à ses sentiments quand elle revint à la maison, mais ne la laissèrent pas perturber la vie de famille.

Les parents, comme nous l'avons vu avec Agnès, peuvent avoir besoin de faire part de leur désaccord avec le mode de vie de leur enfant, mais de maintenir néanmoins, au prix parfois de gros efforts, une relation amicale et de soutien. Ce soutien offre un terrain stable sur lequel s'appuyer quand ils traversent une période de grand bouleversement émotionnel. Il est possible, même pour des parents séparés, comme c'était le cas pour Alexandra, de se soutenir l'un l'autre ainsi que leur enfant, quand c'est nécessaire.

Du fait de leurs propres difficultés, les parents sont parfois incapables de réagir directement aux problèmes de leurs enfants. Dans certains cas, quelle que soit leur attention, le degré de détresse est tel qu'il peut nécessiter une aide extérieure, comme pour Agnès, Alexandra et les jeunes réfugiés. Les adolescents ou leurs parents ne savent pas toujours vers qui se tourner. Si un jeune poursuit des études supérieures, un contact avec un psychologue doit être possible, offrant une base naturelle pour réfléchir à l'éventualité d'une aide supplémentaire et à la façon de l'obtenir. Nous avons vu comment le contact avec d'autres parents ayant le même genre de problèmes a aidé les parents d'Alexandra à réfléchir et à trouver une solution.

Vous trouverez à la fin de ce livre une liste d'organismes utiles. Il est clair que les auteurs de ce livre conseillent de chercher de l'aide, quand c'est nécessaire, auprès de professionnels ayant une approche attentive et une écoute particulière des expériences et des sentiments vécus par les jeunes, plutôt qu'auprès de ceux qui donnent des conseils tout faits.

Beaux-parents et beaux-enfants

Il peut être difficile parfois pour les parents d'accepter le partenaire choisi par leur enfant, mais il peut aussi arriver que l'enfant ait des sentiments très mitigés sur le nouveau partenaire d'un de ses parents.

> Cécile, dont nous avons déjà parlé, avait perdu sa mère dans un accident de voiture quand elle avait 18 ans. Elle avait été, comme c'est normal, assez peu sociable pendant un certain temps, mais à 20 ans, elle avait recommencé à sortir et avait eu un ami stable pendant quelques mois. Elle avait présumé que son père ne voudrait jamais se remarier après la mort de sa mère. Elle vivait encore à la maison quand son père commença à sortir beaucoup plus et il l'informa finalement qu'il avait l'intention de se remarier avec Marianne, une femme un peu plus jeune que lui, qui avait deux enfants à l'école primaire. La première réaction de Cécile fut l'indignation. Comment pouvait-il ? Qu'est-ce que sa mère aurait pensé ? Elle croyait exprimer ainsi son désir de préserver la mémoire de sa mère, mais il y avait aussi des sentiments plus complexes et difficiles que Cécile dut reconnaître quand elle se rendit compte que son père était déterminé à se marier.
>
> Depuis la mort de sa mère, Cécile avait pris l'habitude d'être la « maîtresse de maison », s'occupant très efficacement des tâches quotidiennes pour son père, son frère et elle-même. C'était difficile aussi pour elle de se faire à l'idée qu'au moment où elle-même s'engageait sur la voie du mariage, son père pouvait en faire autant. La dernière chose, et pas la moindre, était qu'elle avait dû, à la naissance de son frère dans sa petite enfance, se battre avec ses sentiments mitigés et elle avait l'impression qu'elle n'aurait plus à affronter l'arrivée fâcheuse de nouveaux enfants dans la famille. Le père de Cécile avait

raison d'être un peu ferme sur son désir de se remarier, mais, en même temps, il fut heureusement capable de se montrer compréhensif à l'égard des sentiments complexes de sa fille.

Le problème pour accepter des enfants d'un mariage précédent peut être aussi très perturbant pour les enfants de parents divorcés ou séparés. Cela a toute chance d'arriver quand des parents qui ont des enfants de cette tranche d'âge se remarient.

Cécile fut confrontée à une expérience particulièrement difficile. Elle commença à avoir l'impression que la maison qu'elle avait tenue – et dont elle s'était occupée si efficacement – était envahie par Marianne et ses enfants. Des jouets et des jeux vidéo traînaient dans le salon et il arrivait que la moquette du salon, autrefois immaculée, soit jonchée de chips que les enfants faisaient tomber et écrasaient allégrement en regardant la télévision. Cécile trouvait très énervant que Marianne prenne les choses en main et passe l'aspirateur après le passage des enfants. En même temps, elle ne savait pas quoi faire : elle n'avait pas envie de nettoyer derrière les enfants, mais n'appréciait pas que Marianne s'en charge. Cécile avait le sentiment que les enfants étaient devenus le centre de la maison. Le seul coin ensoleillé du jardin où elle aimait prendre des bains de soleil était maintenant occupé par un grand portique que Marianne et les enfants avaient apporté avec eux.
Cécile était assaillie par des sentiments complexes. Elle avait déjà pensé à s'installer avec son copain Thibault. Maintenant, c'était le fait de se sentir déplacée et de vouloir son lieu à elle qui motivait en partie son envie de déménager. Ce n'était pas encore facile pour elle d'abandonner la maison qu'elle avait tenue à la suite de sa mère. Elle éprouvait de l'amertume parce qu'elle avait le sentiment de devoir précipiter son déménagement, alors qu'elle et Thibault n'étaient pas tout à fait prêts à s'installer ensemble. Elle traversa une période de doute et d'incertitude, mais ne supporta pas de rester avec son père et Marianne, surtout après avoir appris que celle-ci était enceinte. La pensée de ce futur demi-frère ou demi-sœur lui fut insupportable et elle s'installa rapidement avec Thibault. Comme celui-ci

n'avait qu'un studio avec une kitchenette, son nouveau foyer contrastait douloureusement avec la maison qu'elle considérait encore comme la sienne.

La possibilité d'attendre un enfant et l'avortement

Peu de temps après le déménagement, Cécile se trouva confrontée à un choix déchirant. Elle n'avait pas eu ses règles le mois dernier et pensait qu'elle était enceinte. Que devait-elle faire ? Elle pensait qu'elle et Thibault n'étaient pas prêts à être parents à ce stade de leur vie et elle envisagea sérieusement d'avorter. Thibault lui-même était très partagé, parce qu'il avait parfois le sentiment qu'il aimerait être père. Alors qu'ils en discutaient, il surprit Cécile en lui disant qu'elle avait peut-être oublié de prendre sa pilule pour ne pas être en reste vis-à-vis de Marianne en ayant elle-même un bébé. Cécile fut assez décontenancée et en voulut d'abord à Thibault de sa remarque, mais, en réfléchissant, elle se dit qu'il avait peut-être raison. Le problème logistique concret de ne pas avoir un endroit convenable pour élever un enfant augmenta son ressentiment sur le fait que Marianne avait envahi la maison spacieuse de son enfance. Il s'avéra heureusement qu'elle n'était pas enceinte, mais, avant de s'en apercevoir, elle traversa un moment de tension et de bouleversement considérables.

Il y avait encore en Cécile une petite fille qui aurait pu souhaiter tomber enceinte par rivalité avec Marianne. D'un autre côté, il y avait aussi une jeune fille de 20 ans, réfléchie et assez mûre, qui avait des souvenirs positifs de sa mère et de sa relation avec elle. Elle avait ce qu'il fallait pour devenir une bonne mère, mais, à cette époque, sa rivalité avec la nouvelle femme de son père était si intense que ces sentiments de rivalité peuvent avoir prédominé. Dans cet exemple il aurait été difficile de trouver une réponse définitive quant à la question de l'avortement.

Dans cette tranche d'âge, les jeunes peuvent prendre leurs décisions sur des problèmes tels que l'avortement sans vouloir en parler avec leurs parents. Mais, dans certaines circonstances, les parents peuvent être appelés à réfléchir à une telle décision.

Nous avons, au chapitre 2, parlé de Céline comme de quelqu'un capable de faire des choix réfléchis de façon indépendante. Quand elle devint enceinte sans le faire exprès, Carlo, le père, un étudiant en musique, était sur le point de repartir dans son pays pour finir ses études de musique là-bas. Céline sentit qu'il était très facile pour elle d'aller parler avec ses parents de la décision qu'elle avait à prendre : devait-elle avorter ou garder le bébé, sachant qu'elle serait mère célibataire ? Les parents de Céline savaient qu'elle ne cherchait pas un conseil précis. Ils lui accordèrent, comme ils l'avaient fait plusieurs fois dans sa vie, ce type d'attention réceptive qui aida Céline à réfléchir à sa situation. Elle décida de garder le bébé, après avoir étudié attentivement la responsabilité qu'elle prenait en tant que parent isolé. Elle fut aussi encouragée de savoir que ses parents étaient là pour l'épauler et l'aider de toutes leurs forces.

La relation entre Céline et Carlo n'avait pas duré très longtemps, mais elle avait été heureuse dans l'ensemble car ils avaient partagé l'amour de la musique. Le bébé n'avait pas été prévu, mais, une fois qu'il fut conçu, Céline trouva plus de ressources en elle pour devenir parent que Carlo à cette époque. Elle se rendit compte que la responsabilité de garder le bébé lui appartenait à elle. Elle avait espéré garder un contact amical avec Carlo, pensant que cela pourrait être important plus tard pour le bébé, mais ce ne fut hélas pas possible.

Parfois, une jeune femme ressent une envie d'avoir un bébé qui ne vient pas de son moi le plus mûr. Cela peut venir de désirs anciens, quand, petite fille, elle avait souhaité que ses poupées deviennent vivantes pour qu'elle ait un bébé, tout comme sa mère. Certaines filles solitaires peuvent vouloir avoir un bébé pour leur tenir compagnie, avec l'espoir, souvent vain, de réconforter en quelque sorte l'enfant qui est en elles, inconscientes de l'immense tâche d'adulte qu'implique cette responsabilité. De tels états d'esprit sont très différents de la motivation adulte liée au fait d'élever des enfants et de faire face à tout le travail que cela suppose, avec les angoisses et les nuits sans sommeil, et une infinité de responsabilités qui durent jusqu'à l'âge dont nous parlons dans ce livre.

Une nouvelle génération

Peu après s'être installée avec David, Patricia tomba enceinte et ils se marièrent. La tension entre David et ses parents s'était considérablement atténuée après qu'ils eurent annoncé leur décision de se marier, mais bien que les contacts avec sa famille soient redevenus plus fréquents et qu'ils aient renoué avec la tradition du déjeuner en famille le dimanche, la relation entre David et ses parents n'était pas tout à fait la même qu'avant.

Quand le petit Félix naquit, sa naissance affecta les relations familiales très profondément et très positivement. Lorsque David s'était installé avec Patricia, les parents de David avaient eu du mal à renoncer à élever leur fils selon leurs principes. Maintenant que David et Patricia étaient perçus comme des parents, la nature de la relation entre les générations se modifia. Les parents de David pouvaient reconnaître qu'élever Félix était la tâche de ses parents, Patricia et David, et, tout en se rendant disponibles pour aider comme ils le pouvaient, ils furent capables de garder leurs opinions pour eux. Ils en vinrent à apprécier, dans leur relation avec Félix, une certaine décontraction qu'ils n'avaient pas vécue aussi pleinement en élevant leurs propres enfants. C'est vrai que le fait de ne pas être directement responsables de la façon dont leur petit-fils était élevé, comme c'est le cas la plupart du temps pour les grands-parents, donna à leur relation une certaine légèreté.

La relation entre David et ses parents avait été chargée de reproches qu'ils avaient eu du mal à abandonner. David ne pouvait pas leur pardonner de ne pas reconnaître totalement son indépendance ; ils ne pouvaient pas lui pardonner d'avoir ébréché leurs valeurs. Ce sentiment de reproche des deux côtés semblait s'effacer sous l'impact de la joie partagée à la naissance de Félix.

Les parents éprouvaient un sentiment de continuité dans le fait que Félix était le prénom du père de David ; si le bébé avait été une petite fille, Patricia aurait aimé lui donner le nom de sa propre mère.

Que cette façon concrète de représenter la continuité de la vie dans la génération suivante se fasse ou non, les grands-parents peuvent être tout à fait reconnaissants à leurs enfants de ce qu'ils vivent comme le cadeau d'un petit-enfant dans lequel ils ont le sentiment qu'une étincelle de leur propre vie va continuer à briller.

« ... un enfant, plus que tout autre don
Que la terre peut offrir à un homme qui décline,
Apporte avec lui l'espoir, et des pensées d'avenir. »

Wordsworth, « Michaël ».

Quelques adresses utiles

CNIDF (Centre national d'information et de documentation des femmes et des familles) : 01 43 31 77 00

Croix-Rouge Écoute : 0 800 858 858

Drogues Info Service : 0 800 23 13 13, 7 jours sur 7, 24 heures sur 24. Appel gratuit.
Fil Santé Jeunes : 0 800 235 236

La Ligne de Vie : 0 801 037 037

Paris Ados Service : 01 42 40 20 42

Inter-Service-Parents, service de réponse téléphonique de l'École des parents et des éducateurs : 01 44 93 44 93
Une équipe de psychologues, psychanalystes, médecins, thérapeutes familiaux, etc., répond par téléphone, et peut proposer des entretiens. Il existe des antennes de l'École des parents en Île-de-France et en province, dont les coordonnées sont disponibles au numéro parisien.

Table des matières

Les auteurs

■ **Margot Waddell**, psychothérapeute de l'enfant et de l'adolescent, a rejoint l'équipe du département « Adolescents » du centre Tavistock en 1985. Avant cela, elle avait travaillé pendant plusieurs années avec des adolescents en difficulté dans une école d'enseignement supérieur. Elle a beaucoup écrit et enseigné sur le monde des adolescents dans divers contextes : la psychothérapie de l'enfant, la formation des professeurs, les travailleurs sociaux et les parents. Elle a également acquis une certaine expérience avec l'éducation de six enfants, les siens et ceux de son compagnon.

■ **Jonathan Bradley**, marié et père de trois enfants, a fait des études de psychologie et enseigné à des adolescents avant de pratiquer la psychothérapie d'enfants et d'adolescents. Il est psychothérapeute consultant au département « Adolescents » du centre Tavistock. Il est aussi chef du service de psychothérapie dans un centre de santé des enfants.

■ **Beta Copley**, mariée, mère de deux enfants et grand-mère, a travaillé et enseigné plusieurs années au centre Tavistock. Elle est l'auteur de plusieurs livres sur le travail thérapeutique avec les enfants et les jeunes.

■ **Hélène Dubinsky**, mariée et mère d'une adolescente, est psychothérapeute consultante au département « Adolescents » du centre Tavistock. Tout en exerçant la psychothérapie individuellement avec des adolescents, elle consacre une partie de ses activités au service de Conseil aux jeunes qui offre des conseils précis et ponctuels aux adolescents qui en ont besoin.

■ **Gianna Williams**, mariée, mère de deux enfants et grand-mère, est psychothérapeute consultante au département « Adolescents » du centre Tavistock et a publié de nombreux articles sur l'adolescence, dont les problèmes de troubles du comportement alimentaire, les « bandes » et le travail de psychothérapie avec les minorités ethniques.

■ **Catherine Mathelin**, auteur de la préface, psychologue clinicienne et psychanalyste, a publié : *Raisins verts et dents agacées, Clinique psychanalytique avec les enfants*, Denoël, 1994 ; *Le Sourire de la Joconde, Clinique psychanalytique des enfants prématurés*, Denoël, 2000 et *Qu'est-ce qu'on a fait à Freud pour avoir des enfants pareils ?*, Denoël, 2000.

Dans la collection
« Les Guides du centre Tavistock »

Comprendre votre enfant de la naissance à 3 ans
de Lisa Miller, Deborah Steiner et Susan Reid

Comprendre votre enfant de 3 à 6 ans
de Judith Trowell, Lisa Miller et Lesley Holditch

Comprendre votre enfant de 6 à 9 ans
de Deborah Steiner, Elsie Osborne et Lisa Miller

Comprendre votre enfant de 9 à 12 ans
de Dora Lush, Jonathan Bradley et Eileen Orford

Comprendre votre enfant handicapé
de Valérie Sinason

Chez le même éditeur
à destination des adolescents

Ados, Amour et Sexualité, version garçon
Dr Sylvain Mimoun et Rica Étienne

Ados, Amour et Sexualité, version fille
Dr Irène Borten-Krivine et Dr Diane Winaver

La composition de cet ouvrage
a été réalisée par
I.G.S. Charente Photogravure à l'Isle-d'Espagnac,
l'impression et le brochage ont été effectués
sur presse Cameron
dans les ateliers de ***Bussière Camedan Imprimeries***
à Saint-Amand-Montrond (Cher),
pour le compte des Éditions Albin Michel.

Achevé d'imprimer en septembre 2001.
N° d'édition : 19996. N° d'impression : 014151/4.
Dépôt légal : octobre 2001.